Deutsch mit Olli

2

Sprachbuch

Arbeitsheft
BASIS | PLUS

erarbeitet von
Christine M. Kaiser

illustriert von
Axel Nicolai
Petra Eimer
Christian Bartz

 Deine **interaktiven Gratis-Übungen** findest du hier:

1. Gib den unten stehenden Zugangscode in die Box ein.
2. Hab viel Spaß mit deinen Gratis-Übungen.

_____

Dein Zugangscode auf
go.cornelsen.de | jqbz-3q-9vhv

Cornelsen

Inhalt

Ich bin Olli und begleite dich durch dein Arbeitsheft!

Unsere Strategien
☺ Wörter in Silben gliedern
Ⓐ Wörter großschreiben
ⓧ Wörter ableiten
↻ Wörter verlängern
Ⓜ Merkwörter

Nomen kennenlernen (Aa)

Überlege genau!

1 Schreibe die Nomen in die Tabelle.
Markiere den großen Anfangsbuchstaben.

| Hase | Lehrerin | Fenster | Blume | Vogel | Baum |
| Onkel | Rose | Stuhl | Maus | Freundin | Schere |

Menschen

Lehrerin

Dinge

Tiere

Pflanzen

2 Finde in jedem Rahmen das Nomen. Schreibe die Nomen in die Tabelle in **1**.
Markiere den großen Anfangsbuchstaben.

| WGIKSCHLANGEPRMUG | KWEFGSFREUNDYQFHE |
| OZTYTANNEVLIFHWXAB | HLIBSKRPKREIDEQRUW |

Nomen kennenlernen

1 Finde in jeder Zeile die drei Nomen. Markiere sie.

GELD	KAUFEN	TASCHE	JUNGE	ZEIGEN
SCHENKEN	TORTE	ESSEN	SUPPE	KIND
LICHT	BUCH	LESEN	DECKE	KUSCHELN
BRÜLLEN	KAMEL	LÖWE	SCHLEICHEN	MAUS

2 Schreibe die Nomen aus **1** richtig auf.
Markiere den großen Anfangsbuchstaben.

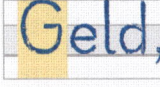

3 Wähle mindestens drei Nomen aus **2** aus.
Schreibe Sätze.

*Denke an die Groß-
und Kleinschreibung!*

Den bestimmten Artikel kennenlernen

1 Schreibe alle Nomen mit Artikel auf: **der**, **die** oder **das**.

Brot	Apfel	Tasse	Löffel
Marmelade	Käse	Ei	Teller
Messer	Kanne	Müsli	Gabel

das Brot,

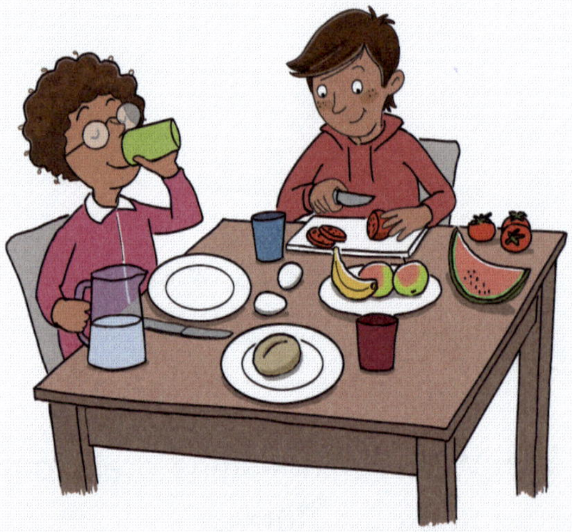

2 Schreibe **der**, **die** oder **das** in die Lücken.

Heute frühstückt die Klasse 2b zusammen.

Zuerst wird _____ Tisch von den Kindern gedeckt.

Dann beginnt _____ Frühstück. Ela schmeckt _____ Milch sehr gut.

Sami schneidet _____ Tomate. Dann legt er die Scheiben

auf _____ Brötchen. Schnell ist _____ Brotkorb leer. Alle sind satt.

• Tisch • Klasse • Brötchen • Brotkorb • Milch • Frühstück • Tomate

Den bestimmten Artikel kennenlernen

1 Setze die Nomen passend in den Text ein. 🔍
Unterstreiche sie in der Artikelfarbe: der, die oder das.

~~Klasse~~	Tisch	Spüle	Geschirrtuch	Geschirr
Bürste	Becken	Hand	Frühstück	Regal

Nachdem die **Klasse** alles

aufgegessen hat, ist das _____

vorbei. Nun wird der _____

wieder abgeräumt. Milo stellt sich vor die _____ .

Er lässt Wasser in das _____ einlaufen. Dann nimmt er

die _____ in die _____ und wäscht ab.

Naomi nimmt das _____ . Sie trocknet das

_____ ab und Emil stellt es in das _____ .

2 Schreibe zu jedem Artikel mindestens drei Nomen.

der _____

die _____

das _____

Einzahl und Mehrzahl

1 Markiere die Nomen in der Einzahl gelb und in der Mehrzahl grün.

Mützen	Tier	Jacken	Baum
Schnecke	Hosen	Blume	Kleider
Katze	Schuhe	Blatt	Schals

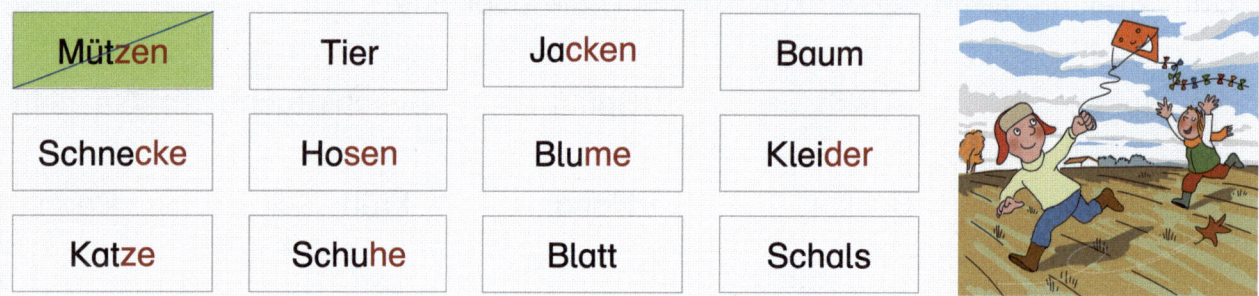

2 Schreibe die grünen Nomen aus **1** mit Artikel in die Tabelle.
Ergänze die Einzahl.

Mehrzahl	Einzahl
die Mützen	die Mütze

3 Schreibe die gelben Nomen aus **1** in der Mehrzahl mit Artikel auf.

die Tiere,

Einzahl und Mehrzahl

1 Bilde die Mehrzahl und schreibe die Nomen passend in die Lücken.

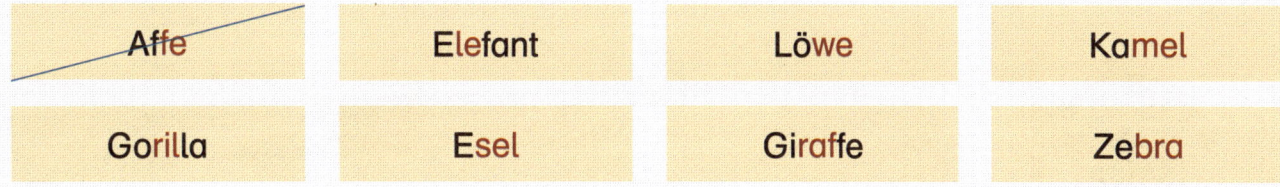

~~Affe~~	Elefant	Löwe	Kamel
Gorilla	Esel	Giraffe	Zebra

Julia geht mit ihrer Tante in den Zoo.

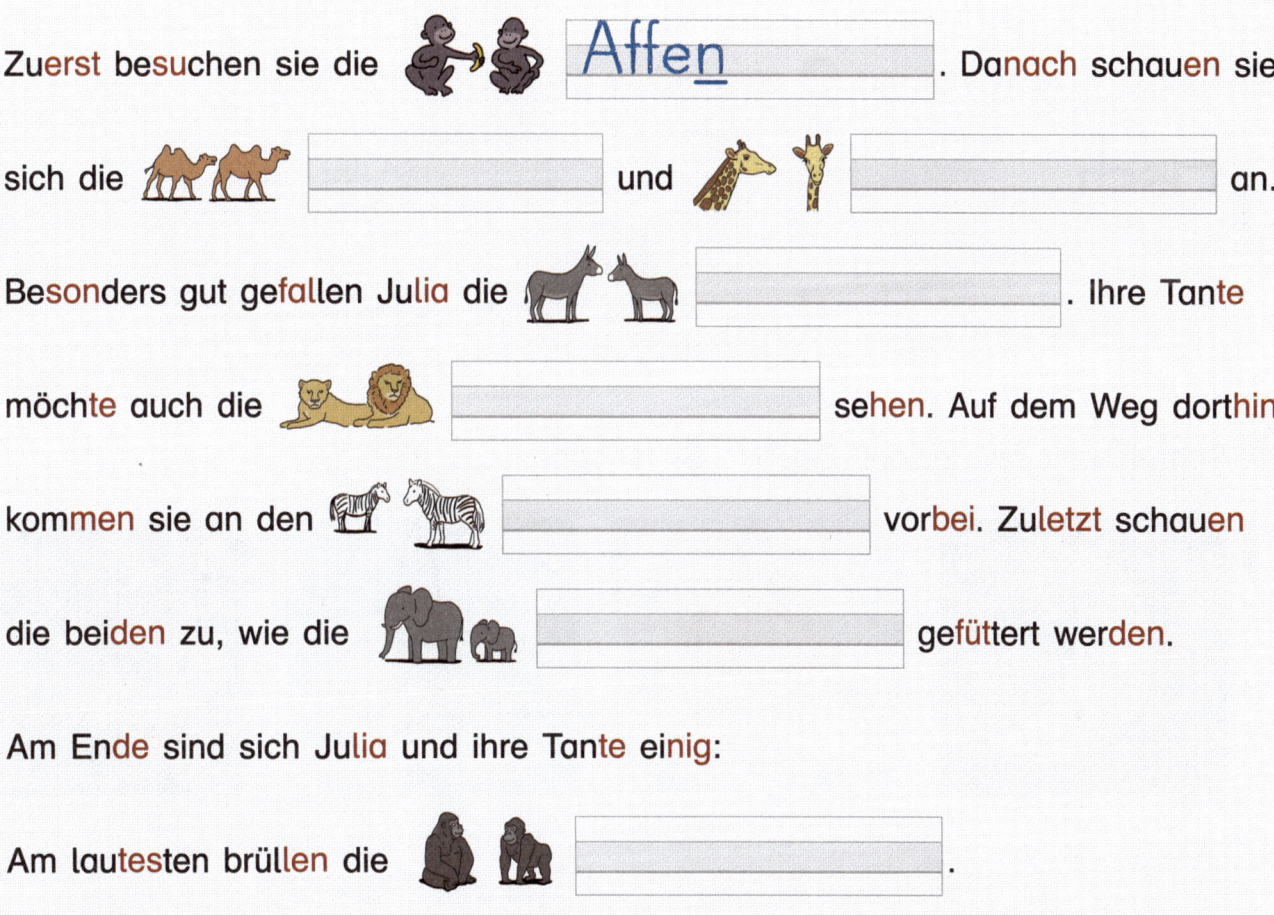

Zuerst besuchen sie die **Affen**. Danach schauen sie

sich die _____ und _____ an.

Besonders gut gefallen Julia die _____. Ihre Tante

möchte auch die _____ sehen. Auf dem Weg dorthin

kommen sie an den _____ vorbei. Zuletzt schauen

die beiden zu, wie die _____ gefüttert werden.

Am Ende sind sich Julia und ihre Tante einig:

Am lautesten brüllen die _____.

2 Unterstreiche im Text, was sich bei den Nomen in der Mehrzahl verändert hat.

3 Bei welchem Nomen im Text sind Einzahl und Mehrzahl gleich? Ergänze
mindestens drei Nomen, die sich in der Mehrzahl nicht verändern.

_____

1

Wörter in Silben gliedern ⊙

1 Sprich und schwinge die Wörter. Zeichne Silbenbögen.

Fisch   Delfin   Qualle   Krokodil   Kegelrobbe

2 Schreibe die Wörter aus **1** passend zu den Silbenkapitänen.

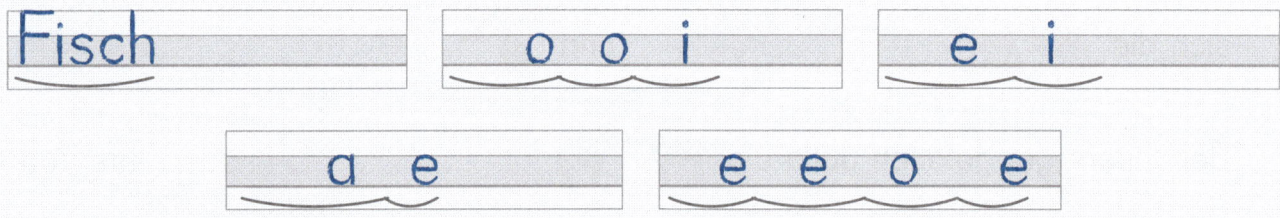

Fisch   o o i   e i

a e   e e o e

3 Schreibe die Wörter auf. Zeichne Silbenbögen.

M

4 Schreibe zu jedem Wort ein Reimwort. Zeichne Silbenbögen.

Wurm   Pinsel   Meise   Kegel

Wörter in Silben gliedern ⌣

1 Sprich und schwinge die Wörter. Schreibe sie auf und zeichne Silbenbögen.

| Insel | Palme | Eisenbahn | Afrika | Lokomotive | Tunnel |

Insel,

2 In jedem Kästchen haben sich drei Tiere versteckt. Setze die Silben zu Wörtern zusammen. Schreibe sie auf und zeichne Silbenbögen.

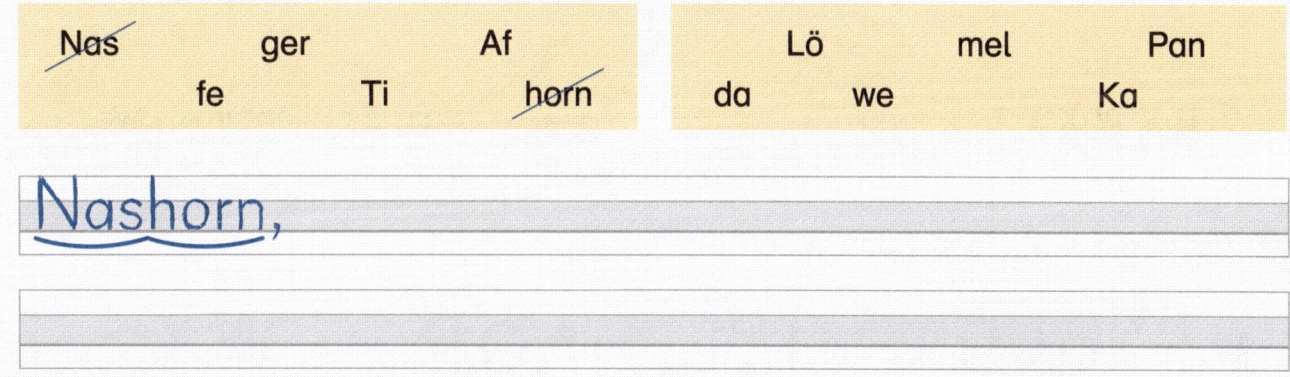

| Nas | ger | Af | | Lö | mel | Pan |
| fe | Ti | horn | | da | we | Ka |

Nashorn,

3 Welche Spielsachen siehst du?
Schreibe die Wörter geordnet auf.
Zeichne Silbenbögen.

1 Silbe: Kran,

2 Silben:

3 Silben:

Das ABC

1 Was gehört zusammen? Verbinde passend.

Der Olli-Rap

A B C D E	Bei Sonne, Sturm und Schnee,
F G H I J	Olli mag das Haus am See.
K L M N O	Er fliegt so gerne flott.
P Q R S T	saust er wie ein Düsenjet.
U V W X Y Z	Sein Ziel liegt irgendwo.

2 Trage die fehlenden Buchstaben ein.

☐ B C D   J K L ☐ N O P   W X ☐ Z

E F ☐ H I   ☐ R S ☐ U V ☐

3 Verbinde jeden Ball mit dem richtigen Korb.

A–J   K–P   Q–Z

Das ABC

1 Welche Buchstaben in den ABC-Schlangen sind vertauscht? Markiere sie.

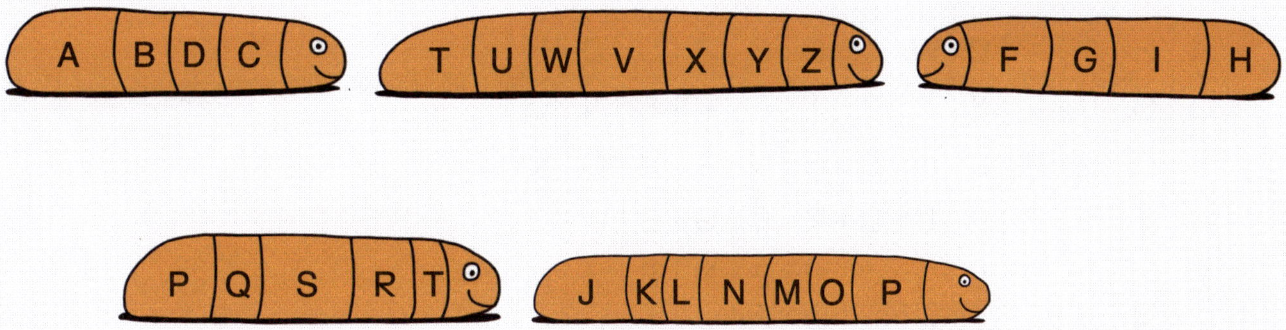

A B D C

T U W V X Y Z

F G I H

P Q S R T

J K L N M O P

2 Ergänze die fehlenden Buchstaben des Alphabets. Schreibe zu jedem Buchstaben ein Wort auf.

A				S
B		K		T
	Clown	L		U
D		M		
				W
F		O		Xylofon
G		P		Yacht
			Qualle	Z
I		R		

Verben kennenlernen

Alle Verben sind
waagerecht → versteckt.

1 Was können Kinder tun? Markiere acht Verben.
Schreibe sie auf.

Ä	H	F	I	D	W	I	B	C	S	U	O	P
Q	O	P	R	E	S	P	I	E	L	E	N	Z
S	C	H	R	E	I	B	E	N	Z	H	O	R
P	T	I	P	P	Ü	D	R	C	G	S	W	E
F	I	Ö	S	L	A	C	H	E	N	E	Z	M
S	B	A	S	T	E	L	N	S	Y	X	K	D
A	N	M	L	D	Y	C	U	P	U	D	A	F
I	A	X	V	F	I	N	D	E	N	Y	F	L
C	Y	H	O	W	S	K	H	N	K	A	I	E
Y	S	C	H	N	E	I	D	E	N	X	W	K
O	S	E	M	W	K	P	U	L	E	S	E	N
W	S	X	S	A	M	M	E	L	N	P	T	N
P	U	T	V	E	S	J	B	C	S	Y	X	L

spielen

_____

_____

_____

_____

_____

_____

_____

2 Was können Tiere tun? Finde acht Verben.
Schreibe die Verben passend in die Lücken.

blühen	schleichen	stechen	hoppeln	wiehern	fahren
fliegen	quaken	schreiben	bellen	muhen	basteln

Katzen schleichen

Pferde _____

Kühe _____

Kaninchen _____

Vögel _____

Mücken _____

Hunde _____

Frösche _____

Verben kennenlernen

Überlege: Was können Menschen, Tiere oder Dinge tun?

1 Markiere in jedem Kästchen das Verb.

MÜLL **TRENNEN** TONNE	TORTE SAHNE ESSEN
BACKEN LÖFFEL KUCHEN	BESEN BODEN FEGEN
FLÖTE SINGEN LIED	GESCHENK PAPIER VERPACKEN

2 Setze die Verben aus **1** passend ein.

Die Kinder der Klasse 2a ___trennen___ den Müll.

Mit dem Besen _____ die Kinder das Klassenzimmer.

Für Samis Geburtstag _____ alle einen Kuchen.

Das Geschenk _____ Ela und Naomi.

Alle Kinder _____ ein Stück von der Torte.

Zuletzt _____ die Kinder für Sami ein Lied.

3 Bilde jeweils mit einem gelben und einem blauen Kärtchen Verben. Schreibe sie passend zu den Tieren.

| krä | zwit | brum | schnat | hen | tern | men | schern |

k

Selbstlaute und Mitlaute kennenlernen ⟨ω⟩

1 Finde alle Wörter, die mit einem Selbstlaut beginnen.
Markiere den Selbstlaut. Schreibe die Wörter auf.

Selbstlaute klingen selbst.

~~Apfel~~	Blume	Ameise	Kalender	Ente
Armband	Müll	Onkel	Uhr	Flasche	Erde
Insel	Opa	Tonne	Igel	Blume	Internet
Ufer	Wasser	Obst	Tasche	Unfall	Elefant

A Apfel,

E

I

O

U

2 Tausche den markierten Selbstlaut aus. Schreibe das neue Wort auf und markiere den Selbstlaut.

Gold   Geld

Tasche

Hund

Selbstlaute und Mitlaute kennenlernen ☺

1 Tausche den Mitlaut am Wortanfang aus.
Schreibe mindestens zwei neue Wörter.
Markiere die Mitlaute am Wortanfang.

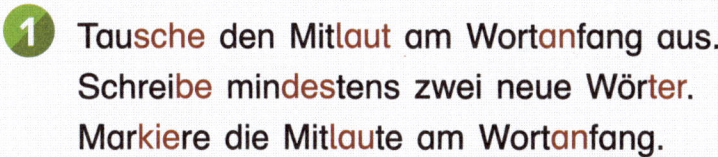

Alle Wörter in einer Zeile reimen sich.

Mund	Hund, rund,
Wand	
Maus	
Kind	
Segen	

2 Setze die Selbstlaute passend ein. Schreibe den Text richtig auf.

○ = a	□ = e	△ = i	⬡ = o	◇ = u

M△lO m◇ss d□n Sch◇lh◇f f□g□n. M△lO w△ll

M△lO n△cht h□lf□n. SOm△ h◇lt d□n B□s□n

◇nd h△lft M△lO. Z◇sOmm□n s△nd M△lO ◇nd

SOm◇ schn□ll f□rt△g.

Mila

Nach dem 1. und 2. Buchstaben ordnen

1 Markiere den ersten Buchstaben in den Namen der Kinder.
Ordne die Namen nach dem ABC.

Anne,

2 Markiere den zweiten Buchstaben in den Namen der Kinder.
Ordne die Namen nach dem ABC.

Lara,

3 Finde die Wörter in der Wörterliste des Sprachbuchs. Welches Wort steht davor?
Schreibe das Wort auf.

_____ – Telefon   _____ – essen

_____ – klein   _____ – Zoo

_____ – Nase   _____ – bringen

Nach dem 1. und 2. Buchstaben ordnen

1 Ordne die Namen der acht Kinder nach dem ABC.

 STEN  FEE  NOAH  AMINA  SERKAN  INA  NELE  FINN

Amina,

2 Finde die Wörter in der Wörterliste. Welches Wort steht davor, welches danach? Schreibe die Wörter auf.

	– spielen –	
	– Vater –	
	– legen –	
	– Zimmer –	
	– arbeiten –	

3 Finde die Wörter in der Wörterliste. Schreibe sie auf.

Ein Kleidungsstück, das mit **Sch** beginnt:

Eine Farbe, die mit **b** beginnt:

Ein Fahrzeug, das mit **Z** beginnt:

Ein Tier, das mit **Pf** beginnt:

Zwielaute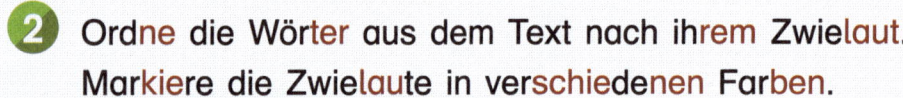

1 Lies den Text.
Markiere die Zwielaute **au**, **ei** und **eu** in verschiedenen Farben.

Der kleine Maulwurf hat sein Reich unter der Erde.
Dort lebt er gerne allein ganz ohne Freunde.
Mit seinen Augen kann er kaum sehen. Er hat
ein weiches Fell. Es ist meist grau oder braun.
Wenn seine Schnauze mal aus der Erde schaut,
muss er aufpassen. Denn er hat einige Feinde.

2 Ordne die Wörter aus dem Text nach ihrem Zwielaut.
Markiere die Zwielaute in verschiedenen Farben.

au   Maulwurf,

ei   kleine,

eu

3 Schreibe die Wörter richtig auf.
Zeichne Silbenbögen. Markiere die Zwielaute.

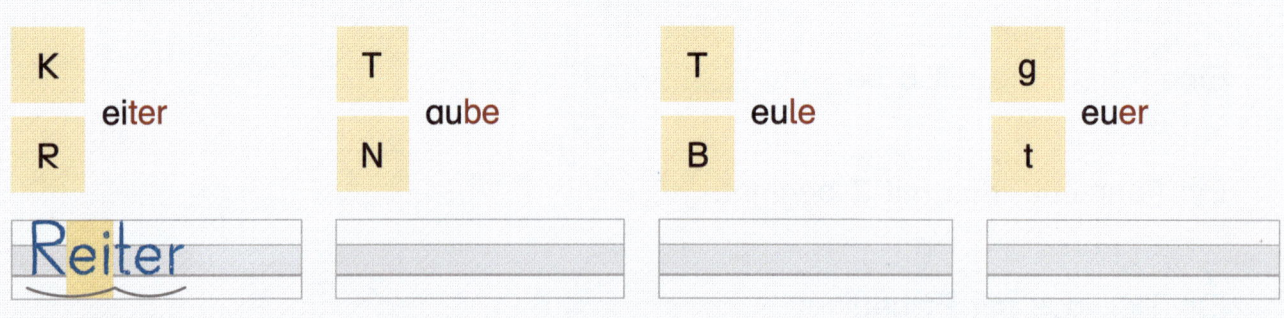

| K R | eiter | T N | aube | T B | eule | g t | euer |

Reiter

Zwielaute 〰️

1 Setze die Zwielaute **au**, **ei** oder **eu** passend ein.

Bei den Waldameisen

L [au] ra darf h [____] te mit der Försterin

in den Wald gehen. Darüber fr [____] t sie sich sehr.

Unter [____] nem B [____] m entdecken sie [____] nen

fast [____] nen Meter hohen br [____] nen Berg.

„Das ist das Zuh [____] se von vielen

t [____] send Am [____] sen", erklärt die Försterin.

„Sie haben den riesigen H [____] fen gem [____] nsam aufgebaut."

L [____] ra schaut den fl [____] ßigen Am [____] sen beg [____] stert

b [____] der Arb [____] t zu.

2 Bei welchen Wörtern hörst du einen Zwielaut? 🔍
Schreibe die Wörter auf. Zeichne Silbenbögen.

Leiter,

Umlaute

1 Markiere alle Wörter mit Umlauten: **ä, ö** und **ü**.
Schreibe die Wörter in die Tabelle. Zeichne Silbenbögen.

Käse	Müll	Boot	zwölf

Mädchen	Vögel	Gräser	Dose	Tüte

Pizza	Tür	Junge	Öl	Wand

Säcke	Brötchen	schnell	fünf

ä Käse,

ö

ü

2 Schreibe die Umlaute **ä, ö** oder **ü** passend in die Lücken.

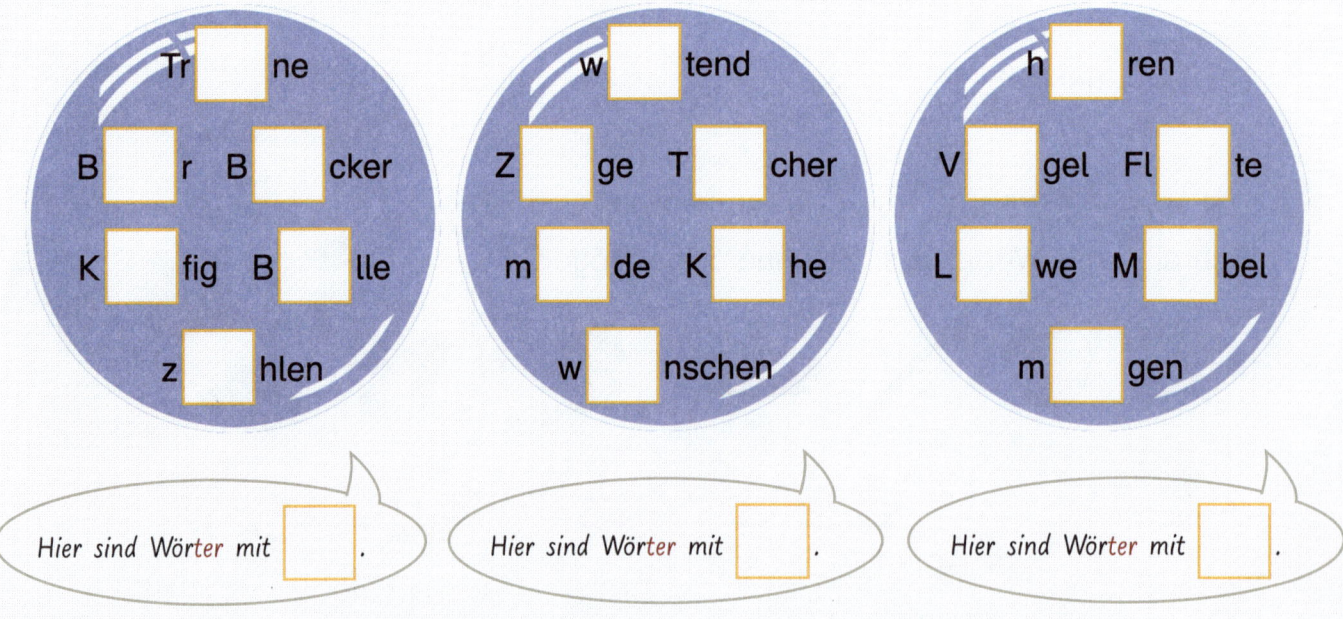

Tr☐ne   B☐r   B☐cker   K☐fig   B☐lle   z☐hlen

w☐tend   Z☐ge   T☐cher   m☐de   K☐he   w☐nschen

h☐ren   V☐gel   Fl☐te   L☐we   M☐bel   m☐gen

Hier sind Wörter mit ☐ .   Hier sind Wörter mit ☐ .   Hier sind Wörter mit ☐ .

Umlaute ⌣

1 Schreibe die Nomen mit dem Artikel in die Tabelle.
Ergänze die Mehrzahl. Markiere den Umlaut.

| der Garten | ~~die Wand~~ | das Schloss | das Buch | der Fuß | der Sohn |

Aus a wird ä.

die Wand | die Wände

Aus o wird ö.

Aus u wird ü.

2 Schreibe die Nomen auf. Markiere den Umlaut.

Satzanfänge großschreiben Aa

1 Lies den Text. Markiere in jedem Satz
den Satzanfang und den Punkt am Satzende.

Heute feiert Milo seinen Geburtstag. Am Morgen
backt Milos Vater eine leckere Nusstorte. Jedes Kind
bastelt ein kleines Geschenk für das Geburtstagskind.
Naomi bastelt die Geburtstagskarte aus gelbem Papier.
Auf die Karte klebt sie einen grünen Drachen.

2 Bilde Sätze. Schreibe sie auf.
Markiere den Satzanfang und den Punkt am Satzende.

kommen	Alle	ins Bootshaus.

Alle kommen ins Bootshaus.

den Tisch.	decken	Emil und Ela

isst	zwei Bonbons.	Naomi

auf Milo.	Die Kinder	warten

3 Wie könnte die Geschichte weitergehen? Schreibe einen Satz.

Satzanfänge großschreiben

1 Lies den Text. Markiere die Satzenden mit Strichen.

Milos Vater kauft ein | er braucht die Zutaten für den Geburtstagskuchen das Mehl und die Butter hat er schon in den Korb gelegt nun fehlen noch acht Kerzen Milos Vater möchte sie oben auf den Kuchen stecken er muss auch noch Luftballons einkaufen

2 Schreibe die Sätze aus Aufgabe 1 ab.

Denke an die Großschreibung am Satzanfang und den Punkt am Satzende.

Milos Vater kauft ein.

Aussagesätze und Fragesätze

1 Verbinde die Fragen mit den passenden Antworten.
Ergänze das Zeichen am Satzende.

Wann feierst du deinen Geburtstag ☐	Bitte seid um 15 Uhr da ☐
Wo findet die Feier statt ☐	Ich habe die ganze Klasse eingeladen ☐
Wen hast du eingeladen ☐	Die Feier dauert bis 18 Uhr ☐
Wann sollen wir kommen ☐	Ich feiere meinen Geburtstag am nächsten Sonntag ☐
Wie lange dauert die Feier ☐	Die Feier findet im Bootshaus statt ☐

2 Beantworte die Fragen. Ergänze die fehlenden Satzzeichen.

Wie heißt du ☐**?**   Ich heiße _____ ☐

Wie alt bist du ☐   Ich bin _____ Jahre alt ☐

Wo wohnst du ☐   Ich wohne in _____ ☐

Wann bist du geboren ☐   Ich bin am _____ geboren ☐

Deutsch mit Olli

2

Testheft

Name:

_____

_____

Klasse:

_____

1

| de | no | te | | sel | del | ter |

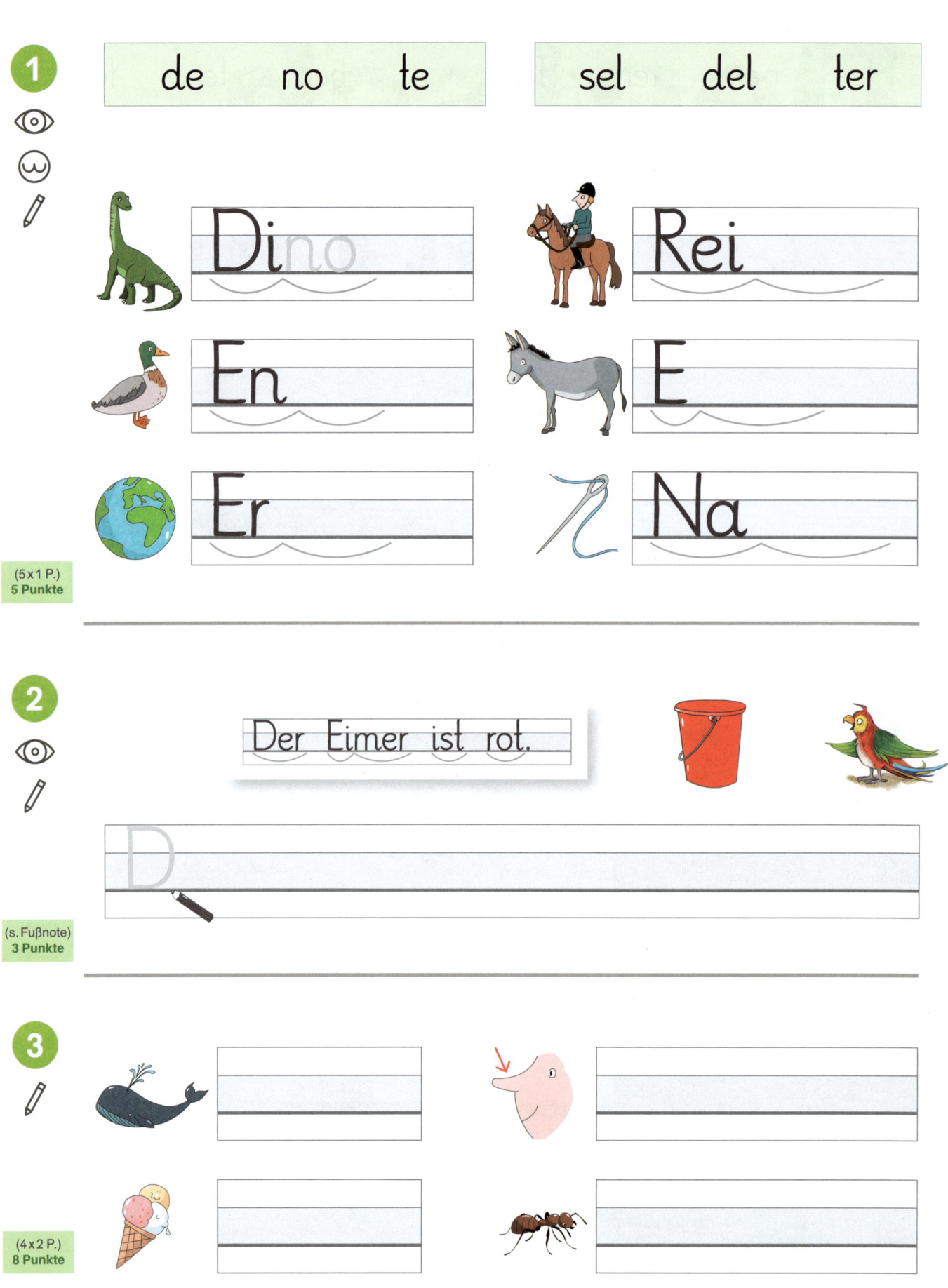

Dino

Rei

En

E

Er

Na

(5 x 1 P.)
5 Punkte

2

Der Eimer ist rot.

D

(s. Fußnote)
3 Punkte

3

(4 x 2 P.)
8 Punkte

Themen: 1 Silben (Nomen)   2 einfachen Satz abschreiben/Abschreibregeln anwenden   3 lauttreue Begriffe frei verschriften

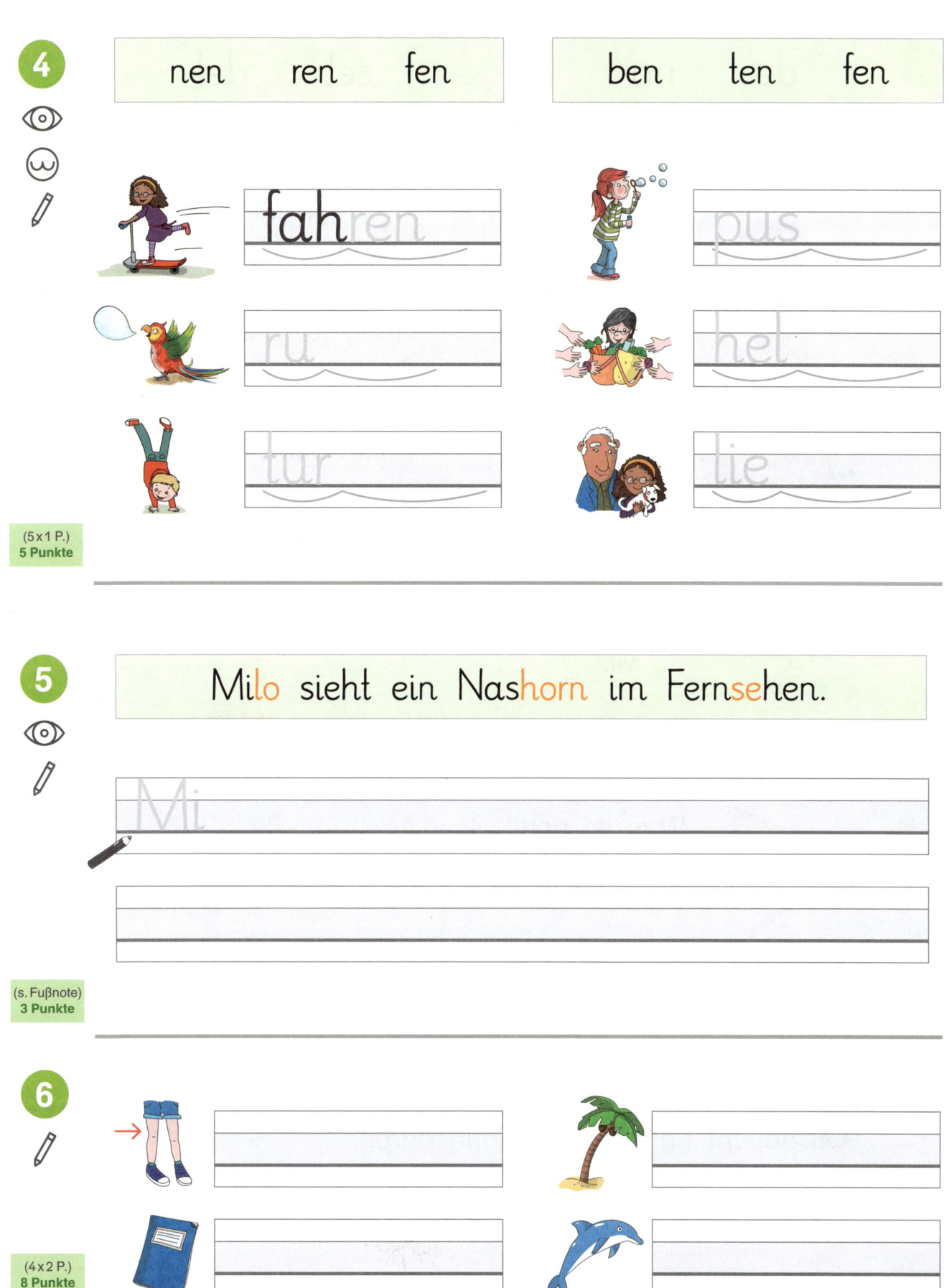

4

| nen | ren | fen |
| ben | ten | fen |

fahren

pus

ru

hel

tur

lie

(5 x 1 P.)
5 Punkte

5

Milo sieht ein Nashorn im Fernsehen.

Mi

(s. Fußnote)
3 Punkte

6

(4 x 2 P.)
8 Punkte

Themen: 4 Silben (Verben)   5 einfachen Satz abschreiben/Abschreibregeln anwenden   6 lauttreue Begriffe frei verschriften

3

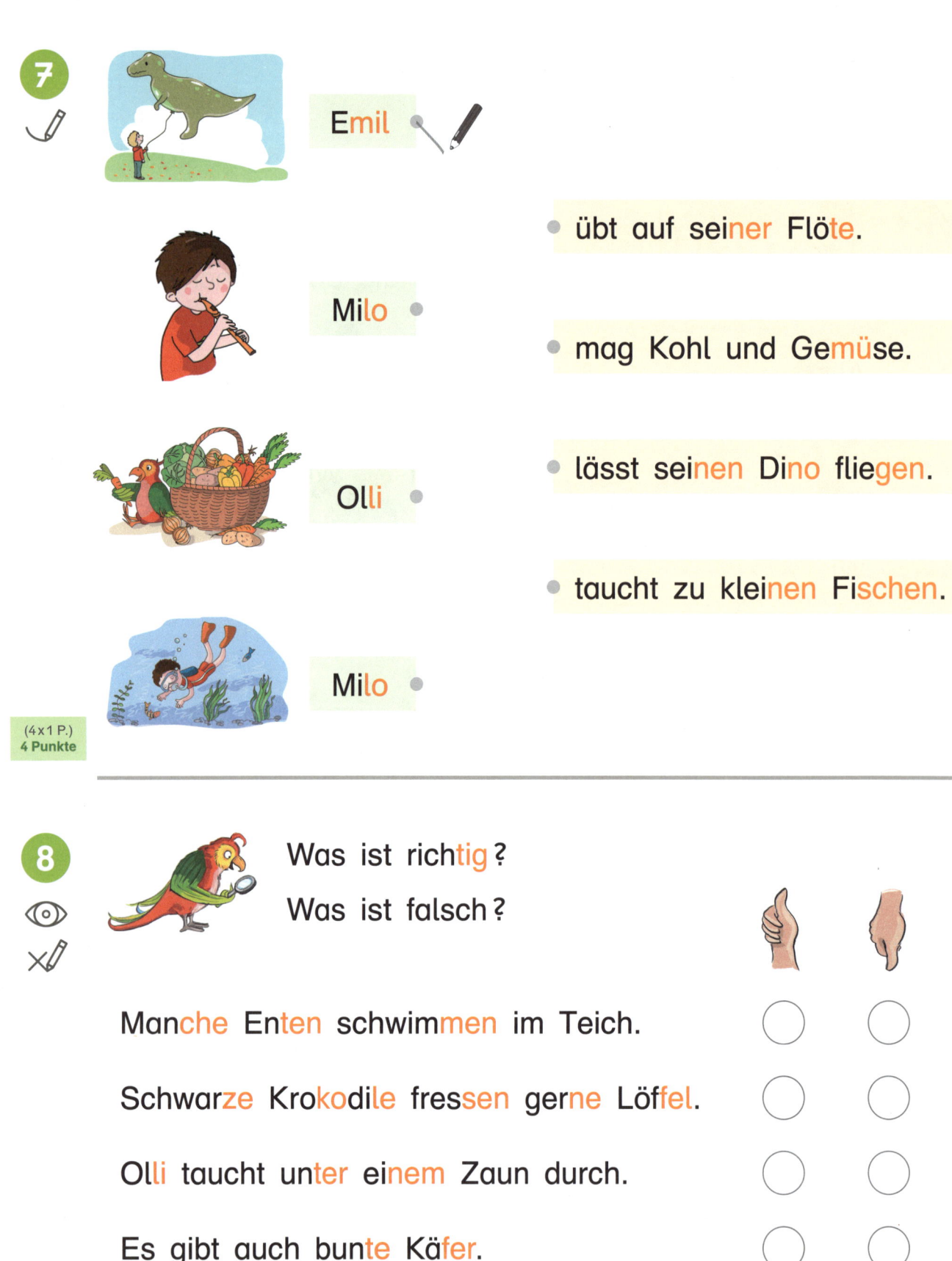

7

Emil

Milo

Olli

Milo

- übt auf seiner Flöte.
- mag Kohl und Gemüse.
- lässt seinen Dino fliegen.
- taucht zu kleinen Fischen.

(4 x 1 P.)
4 Punkte

8

Was ist richtig?
Was ist falsch?

Manche Enten schwimmen im Teich. ◯ ◯

Schwarze Krokodile fressen gerne Löffel. ◯ ◯

Olli taucht unter einem Zaun durch. ◯ ◯

Es gibt auch bunte Käfer. ◯ ◯

(5 x 1 P.)
5 Punkte

Olli kann Nüsse an einen Baum zaubern. ◯ ◯

4   Themen: 7 Satzfragmente zuordnen   8 Sätze sinnerfassend lesen/auf Wahrheitsgehalt prüfen

9 Ergänze immer das richtige Wort.

| stehen | steigen | spüren | jubeln | staunen |

Wir __stei_____ auf die Berge hoch.

Alle _____ beim Sporttag laut.

Vögel _____ starken Wind beim Fliegen.

Wir _____ beim Start vor der Linie.

(4 x 1 P.)
4 Punkte

---

10 Schreibe ab.

Im Januar jagt
der Jaguar den Jäger davon.

_____

_____

(s. Fußnote)
4 Punkte

11

_____

_____

(2 x 2 P.)
4 Punkte

Themen: 9 Lückensätze vervollständigen   10 Satz abschreiben/Abschreibregeln anwenden   11 nicht lauttreue Begriffe frei verschriften

5

1 Schreibe die Nomen mit dem bestimmten Artikel auf.

(4 x 2 P.)
8 Punkte

2 Menschen, Tiere, Pflanzen oder Dinge? Schreibe in die passende Zeile.

Schnecke   Baum   Lehrerin   Fliege   Heft   Blume   Junge   Tafel

Menschen:

Tiere:

Pflanzen:

Dinge:

(8 x 1 P.)
8 Punkte

3 Schreibe die Nomen in der Mehrzahl auf.

die Lampe   das Bild

der Schrank   der Ring

das Baby   der Hut

(6 x 1 P.)
6 Punkte

4 Schreibe die Nomen richtig auf. Zeichne Silbenbögen.

(4 x 2 P.)
8 Punkte

6

Themen: 1/2: Nomen/Artikel   3: Einzahl/Mehrzahl   4: Silben

5 Wer tut was? Verbinde.

Blumen • • bellen.
Fische • • lesen.
Kinder • • blühen.
Hunde • • schwimmen.

Autos • • summen.
Bienen • • leuchten.
Hasen • • fahren.
Lampen • • hoppeln.

(8 x 1 P.)
8 Punkte

---

6 Setze die Verben passend ein.

| lese | singt | malt | trinkt | essen | schreibt |

Ich _____ ein Buch. Opa _____ einen Brief.

Lea _____ ein Lied. Tim und Tom _____ Eis.

Alia _____ ein Bild. Flora _____ Milch.

(6 x 1 P.)
6 Punkte

---

7 In diesen Wörtern fehlen die Selbstlaute. Fülle die Lücken richtig aus.

D ☐ s ☐   Bl ☐ m ☐   ☐ pf ☐ l   S ☐ l ☐ m ☐

(4 x 1 P.)
4 Punkte

---

8 Finde die Reimwörter und fülle die Lücken aus.

blau – schl ☐   die Beule – die ☐ le   die Maus – das ☐ aus

leise – M ☐ se   das Feuer – t ☐ er   das Bein – kl ☐ n

(6 x 1 P.)
6 Punkte

---

9 Bilde die Mehrzahl der Nomen. Markiere die Umlaute.

der Apfel – die _____   das Tuch – die _____

der Vogel – die _____   die Kuh – die _____

(4 x 1 P.)
4 Punkte

---

1 Sind die Sätze richtig geschrieben? Kreuze an.

alle freuen sich auf Milos Geburtstag   Richtig ☐   Falsch ☐

Seine Oma backt eine leckere Torte.   Richtig ☐   Falsch ☐

die Kinder spielen lustige Spiele   Richtig ☐   Falsch ☐

milo freut sich über die tollen Geschenke   Richtig ☐   Falsch ☐

(4 x 1 P.)
4 Punkte

2 Setze die passenden Satzzeichen ein.

Was wollen wir heute machen ☐   Wir können Verstecken spielen ☐

Ich möchte ein Eis essen ☐   Hast du eine andere Idee ☐   Ich würde

gerne ins Schwimmbad gehen ☐   Wie lange hast du noch Zeit ☐

(6 x 1 P.)
6 Punkte

3 Schreibe und markiere den ersten Selbstlaut mit . oder _.

(6 x 2 P.)
12 Punkte

4 Schreibe die Wörter auf. Markiere den kurzen Selbstlaut vor den doppelten Mitlauten.

(4 x 2 P.)
8 Punkte

Themen: 1: Sätze erkennen/großschreiben   2: Aussage-/Fragesätze   3: lange/kurze Selbstlaute   4: Zwei Mitlaute nach kurzem Selbstlaut

5 Finde die zehn Adjektive. Kreise sie ein.

lesen	warm	kurz	Heft	spitz	lesen	Sonne
weich	spielen	klein	trocken	essen	sehen	
fleißig	laufen	bunt	richtig	faul	Hut	rennen

(10 x 1/2 P.)
5 Punkte

---

6 Lies die Sätze. Schreibe die Gegensätze auf.

Elefanten sind **groß**. Flöhe sind _____.

Der Opa ist **alt**. Das Kind ist _____.

Am Tag ist es **hell**. In der Nacht ist es _____.

(3 x 2 P.)
6 Punkte

---

7 **d** oder **t**? Finde zu jedem Nomen die Verlängerung.

das Lie☐ ↪ _____   das Bro☐ ↪ _____

das Pfer☐ ↪ _____   die Han☐ ↪ _____

das Gesich☐ ↪ _____   das Bil☐ ↪ _____

(6 x 1 P.)
6 Punkte

---

8 **b/p** oder **g/k** am Ende? Fülle die Lücken richtig aus.

der Köni☐   das Geschen☐   der Die☐   das Sie☐

der Schran☐   klu☐   lie☐   star☐

(8 x 1/2 P.)
4 Punkte

---

9 Was siehst du auf den Bildern? Schreibe die Wörter auf.

(4 x 2 P.)
8 Punkte

Themen: 5/6: Adjektive 7: d/t am Ende 8: b/p, g/k am Ende 9: Merkwörter mit V/v

1 Verbinde passend: der/ein, die/eine oder das/ein?

Apfel

Marmelade

der/ein

Messer

Müsli

die/eine

Quark

Schokolade

das/ein

Kartoffel

Honig

(8 x 1/2 P.)
4 Punkte

---

2 Kreise bei den Wörtern den Wortstamm „Koch/koch" blau ein und den Wortstamm „Pflanz/pflanz" rot.

einpflanzen   Kochstelle   Topfpflanze   ungekocht   Chefkoch

(10 x 1/2 P.)
5 Punkte
anpflanzen   Kochbuch   Grünpflanze   Eierkocher   Pflanzenbuch

---

3 Immer drei Wörter gehören zu einer Wortfamilie. Kreise sie jeweils mit derselben Farbe ein.

Fahrzeug   Schreibtisch   versprechen   Gespräch

Flugzeug   wegfahren   absprechen   geschrieben

(12 x 1/2 P.)
6 Punkte
Fähre   geflogen   abschreiben   Abflug

---

4 Fülle die Lücken der Wortfamilien „wohnen" und „fühlen" aus.

die Wo☐nung   einfü☐lsam   sie wo☐nt   das Gefü☐l

(8 x 1/2 P.)
4 Punkte
die Bewo☐nerin   der Fü☐ler   der Wo☐nwagen   gefü☐llos

---

5 Schreibe die Reimwörter mit **ie** auf.

Diebe: L   Biene: Sch   liegen: W

(6 x 1 P.)
6 Punkte
Riese: W   spielen: Z   hier: T

Themen: 1: bestimmter/unbestimmter Artikel 2: Wortstamm 3: Wortfamilie 4: stummes h 5: Wörter mit ie

6 Setze die Verben passend ein.

| sind | spielen | isst | liegt | backen | hört | sitzt |

Milo _____ in der Hängematte und _____ Musik.

Sami _____ am Tisch und _____ einen Apfel.

Emil und Ela _____ ein Kartenspiel. Noemi und Mila

_____ in der Küche und _____ einen Kuchen.

(7 x 1 P.)
7 Punkte

7 Schreibe die Verben zum passenden Wortfeld.

| bitten | schleichen | humpeln | schreien | rennen | flüstern | spazieren | fragen |

Wortfeld: **sagen**

| | | | |

Wortfeld: **gehen**

| | | | |

(8 x 1 P.)
8 Punkte

8 Schreibe die Reimwörter auf und markiere die kurzen Selbstlaute.

Mutter: B _____   Tanne: W _____   rollen: w _____

Schlüssel: R _____   offen: h _____   dumm: st _____

(6 x 2 P.)
12 Punkte

9 Was siehst du auf den Bildern? Schreibe die Wörter auf.

(4 x 2 P.)
8 Punkte

Themen: 6: Verben Grund-/personalform 7: Wortfelder 8: Doppelte Mitlaute 9: Wörter mit ß

11

1 Setze die passenden Satzzeichen ein.

Hört sofort auf

Wann sind wir da

Es gibt noch leckere Kekse

Oh nein

Wie spät ist es

Wir sind bald in Italien

Die Fahrt dauert noch ungefähr drei Stunden

(7 x 1 P.)
7 Punkte

2 Verbinde die verwandten Wörter mit Ä/ä und Äu/äu.

Mann •   • Mäuse

Maus •   • Schränke

Schrank •   • Männer

Hand •   • Sträucher

Strauch •   • träumen

Traum •   • Hände

(6 x 1/2 P.)
3 Punkte

3 Schreibe die Reimwörter auf.

Mücke: Br

Stück: Gl

Block: R

Dreck: F

wecken: verst

bücken: R

(6 x 1 P.)
6 Punkte

4 Schreibe die Wörter richtig auf.

Katze   kratzen   Mütze   sitzen

Blitz   witzig   Matratze   schmutzig

(8 x 1/2 P.)
4 Punkte

5 Kreise immer das passende Adjektiv ein.

Milas Fahrrad ist rot/rote . Das rotes/rote Fahrrad war ein Geschenk.
Leider hatte es eine kaputte/kaputter Bremse. Die altes/alte Bremse muss
ersetzt werden. Die neuer/neue Bremse funktioniert sehr gut. Für den
Ärger mit der Bremse bekommt Mila noch ein buntes/bunt Fahrradschloss.

(6 x 1 P.)
6 Punkte

Themen: 1: verschiedene Satzarten 2: Wörter mit a/ä, au/äu 3: Wörter mit ck 4: Wörter mit tz 5: Adjektive verändern sich

6 Kreise die Wortarten mit unterschiedlichen Farben ein: Nomen blau, Verben rot und Adjektive grün.

blau   schreiben   Buch   Schule   suchen   holen   Eis   schlau

(14 x 1/2 P.)
7 Punkte   aufgeregt   spielen   Sommerfest   warm   freundlich   Post

---

7 Setze die Verben ein und unterstreiche die vorangestellten Wortbausteine.

| aufbrechen | loslassen | verlassen | vorlassen |

Ela und Naomi _____ das Bootshaus. Sie wollen zum

Spielplatz _____. Sie treffen Milo mit Fiete. Milo darf

Fietes Leine nicht _____. Endlich kommt auch Mila.

(4 x 1 P.)
4 Punkte Es wollte sie niemand in der Warteschlange _____.

---

8 Klingt das **ch** wie bei **Milch**? Dann markiere es.
Klingt das **ch** wie bei **Buch**? Dann markiere es mit einer anderen Farbe.

Kuchen   Koch   Nachmittag   wach   reich   Gesicht   riechen   Tochter

(16 x 1/2 P.)
8 Punkte dich   schlecht   Drache   Loch   Licht   rechnen   suchen   Bauch

---

9 Löse die Rätsel und schreibe die Wörter auf.

Er ist weiß und fällt im Winter vom Himmel: _____

Sie wachsen bei den meisten Menschen auf dem Kopf: _____

Damit kann man rudern: _____

(4 x 1 P.)
4 Punkte Man kann darin schwimmen und es reimt sich auf „Tee": _____

Themen: 6: Wortarten erkennen: Nomen, Verben, Adjektive 7: Vorangestellte Wortbausteine 8: Wörter mit ch 9: Merkwörter mit aa, ee, oo

Der Wiederholungstest (Test 1) kann als Entscheidungsgrundlage für die Auswahl der Arbeitshefte **Leicht/Basis** oder **Basis/Plus** dienen.

Maximal zu erreichende Punktanzahl: **53 Punkte**

▸ **Bis zu 35 Punkten** empfehlen wir, mit dem Arbeitsheft **LEICHT | BASIS** weiterzuarbeiten.

▸ **Ab 36 Punkten** empfehlen wir, mit dem Arbeitsheft **BASIS | PLUS** weiterzuarbeiten.

Einstufung der Einzelkompetenzen zur Lernstandserhebung

Test Seite	Nr.	Kompetenzen Das Kind …	sicher	teilweise	unsicher	SOLL-Pkt.	IST-Pkt.
Test 1 Seite 2	1	… kann bei einfachen Zweisilben (Nomen) zur Erstsilbe die passende Endsilbe aus einer Auswahl schreiben.				5	
	2	… kann einen einfachen Satz unter Anwendung der Abschreibregeln (LeMe-SchKo) richtig abschreiben.				3	
	3	… kann einfache lauttreue Begriffe frei verschriften.				8	
Test 1 Seite 3	4	… kann bei Zweisilben (Verben) zur Erstsilbe die passende Endsilbe aus einer Auswahl schreiben.				5	
	5	… kann einen einfachen Satz unter Anwendung der Abschreibregeln (LeMe-SchKo) richtig abschreiben.				3	
	6	… kann einfache lauttreue Begriffe frei verschriften.				8	
Test 1 Seite 4	7	… kann Satzfragmente aus einer Auswahl nach Bildvorgabe einander richtig zuordnen. (Sinnerfassung auf Satzebene)				4	
	8	… kann Sätze sinnerfassend erlesen und auf ihren Wahrheitsgehalt prüfen.				5	
Test 1 Seite 5	9	… kann Lückensätze mit richtigem Verb aus einer Auswahl schriftlich vervollständigen (im Satzinnern).				4	
	10	… kann einen Satz unter Anwendung der Abschreibregeln (LeMeSchKo) richtig abschreiben.				4	
	11	… kann nicht lauttreue Begriffe frei verschriften.				4	
		Gesamtpunktzahl				53	

Einstufung der Einzelkompetenzen als Grundlage zur individuellen Förderung

Test Seite	Nr.	Kompetenzen Das Kind ...	sicher	teilweise	unsicher	SOLL-Pkt.	IST-Pkt.
Test 2 Seite 6	1/2	... erkennt Nomen / schreibt Nomen groß ... kennt den bestimmten Artikel				8/8	
	3	... kennt Einzahl und Mehrzahl				6	
	4	... erkennt Silben, kann Silbenbögen zeichnen				8	
Test 2 Seite 7	5/6	... erkennt Verben/kann Verben einsetzen				8/6	
	7	... kennt die Selbstlaute				4	
	8	... kennt die Zwielaute				6	
	9	... kennt die Umlaute				4	
		Punkte Test 2				58	
Test 3 Seite 8	1/2	... schreibt Satzanfänge groß/kann Aussage- und Fragesätze erkennen				4/6	
	3	... kennt lange und kurze Selbstlaute				12	
	4	... kann zwei Mitlaute nach kurzem Selbstlaut erkennen				8	
Test 3 Seite 9	5/6	... kennt Adjektive				5/6	
	7	... kann Wörter mit d/t am Ende richtig schreiben				6	
	8	... kann Wörter mit b/p und g/k am Ende richtig schreiben				4	
	9	... kennt Merkwörter mit V/v				8	
		Punkte Test 3				59	
Test 4 Seite 10	1	... kann den bestimmten und unbestimmten Artikel anwenden				4	
	2	... erkennt den Wortstamm				5	
	3	... kennt Wortfamilien				6	
	4	... kennt Merkwörter mit stummem h				4	
	5	... kennt Wörter mit ie				6	
Test 4 Seite 11	6	... erkennt die Grund- und Personalformen von Verben				7	
	7	... kennt Wortfelder				8	
	8	... wendet die Regel für doppelte Mitlaute an				12	
	9	... kennt Wörter mit ß				8	
		Punkte Test 4				60	
Test 5 Seite 12	1	... erkennt verschiedene Satzarten/kann Satzzeichen einsetzen				7	
	2	... kann Ä/ä und Äu/äu ableiten				3	
	3	... kennt Wörter mit ck				6	
	4	... kennt Wörter mit tz				4	
	5	... erkennt, dass Adjektive sich verändern				6	
Test 5 Seite 13	6	... kennt die Wortarten (Nomen, Verben, Adjektive)				7	
	7	... erkennt vorangestellte Wortbausteine				4	
	8	... kann Wörter mit ch unterscheiden (gesprochen wie „Milch" oder „Buch"				8	
	9	... kennt Merkwörter mit aa, ee, oo				4	
		Punkte Test 5				49	
		Gesamtpunktzahl				226	

Inhalt

Deutsch mit Olli 2 Testheft

Redaktion:	Julia Kluge, Anna Koltermann
Illustration:	Christian Bartz, Petra Eimer (alle Papageien), Axel Nicolai (S. 6 Fisch, Insel, Papagei, S. 8 Schal, Hund, Kiste, S. 9 Vampir, Vierzig), Manuela Ostadal (Test 1)
Umschlaggestaltung:	Corinna Babylon und Jule Kienecker, Berlin
Umschlagillustration:	Petra Eimer
Layout und technische Umsetzung:	Cornelia Gründer, Corngreen GmbH, Leipzig

www.cornelsen.de

1. Auflage, 2. Druck 2025

Alle Drucke dieser Auflage sind inhaltlich unverändert
und können im Unterricht nebeneinander verwendet werden.

Druck: Athesiadruck GmbH

Dieses Heft ist Bestandteil der Arbeitshefte Olli 2 Sprachbuch Leicht/Basis
(ISBN 978-3-06-084818-8) sowie Olli 2 Sprachbuch Basis/Plus (ISBN 978-3-06-084819-5) und ist nicht einzeln bestellbar. Es kann im 10er-Pack nachbestellt werden (ISBN 978-3-464-80534-3).

PEFC-zertifiziert
Dieses Produkt
stammt aus
nachhaltig
bewirtschafteten
Wäldern und
kontrollierten Quellen
PEFC/18-31-166 www.pefc.de

220050812

Aussagesätze und Fragesätze

1 Schreibe die Fragen der Kinder auf.

Milo will wissen, **wann** die Stunde zu Ende ist.

Wann ist die Stunde zu Ende?

Sophie will wissen, **wer** einen Radiergummi hat.

Naomi will wissen, **wo** das Klassenbuch liegt.

Carl will wissen, **welcher** Tag heute ist.

Die Lehrerin will wissen, **warum** die Tafel noch nicht geputzt ist.

*Das **fett** gedruckte Wort ist immer der Anfang der Frage.*

2 Schreibe zu jedem Aussagesatz eine passende Frage.

Diese Brotdose gehört Caspar.

Wem

Mira hat Hunger.

Lange und kurze Selbstlaute

1 Sprich die Wörter deutlich und markiere: · oder –.
Schreibe die Wörter geordnet auf.

e		ė
geben	ge**e**ben	*pressen*
	pr**e**ssen	
	kl**e**ben	
	m**e**ssen h**e**ben	
	fr**e**ssen	

a		ạ
	fr**a**gen h**a**lten	
	f**a**lten	
	j**a**gen	

o		ọ
	H**o**se S**o**nne	
	D**o**se	
	T**o**nne	

2 Finde zu jedem Wort ein Reimwort und schreibe es auf.
Markiere den ersten Selbstlaut: · oder –?

Mutter   *Futter*   summen

suchen   Tuch

Lange und kurze Selbstlaute

1 Markiere den ersten Selbstlaut und entscheide: · oder −.
Schreibe die Wörter geordnet auf.

N**a**del	Geld	Pinsel	Kuchen	Monat
Roller	Flasche	Ring	Nase	Heft	Puppe
Segel	Hof	Tiger	Feder	Rock

− *Nadel,*

·

2 Schreibe unter die farbigen Selbstlaute · oder −.
In jeder Reihe passt ein Wort nicht dazu. Streiche es durch.

Pflanze – Name – Jacke – Katze – Hand

Feder – Knete – Regen – Wetter – Nebel

Zopf – Vogel – Soße – Brot – Mond

Blume – Wut – Bluse – Schule – Rutsche

voll – Kopf – holen – Tochter – Rock

Sprich dir am besten die Wörter laut vor.

Zwei Mitlaute nach kurzem Selbstlaut

1 Immer drei Wörter reimen sich. Markiere sie mit der gleichen Farbe.

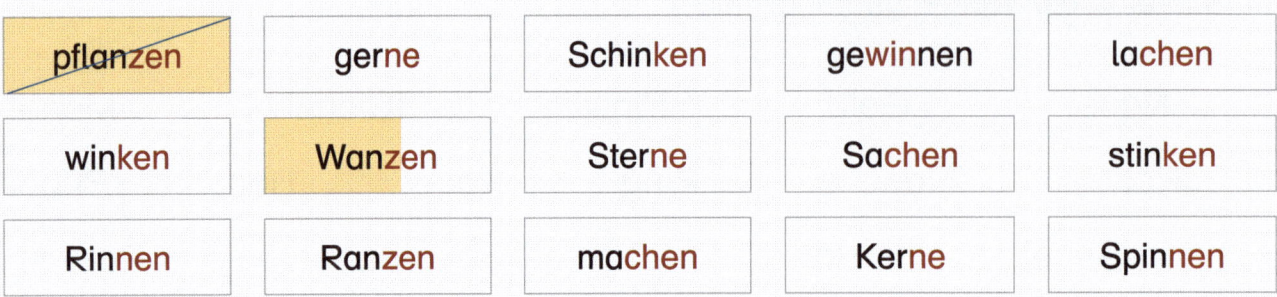

pflanzen	gerne	Schinken	gewinnen	lachen
winken	Wanzen	Sterne	Sachen	stinken
Rinnen	Ranzen	machen	Kerne	Spinnen

2 Schreibe die Reimwörter aus **1** auf.
Markiere den kurzen Selbstlaut und die Mitlaute danach.

pflanzen,

3 Finde die acht Wörter mit kurzem Selbstlaut. Schreibe sie auf.

Sprich dir die Wörter vor.

| Kuh | Gift | kurz | Brot | Bild | Regen |
| kalt | grün | Wand | bunt | Schrank | Zug | Welt |

Gift,

Zwei Mitlaute nach kurzem Selbstlaut

1 In jeder Reihe passt ein Wort nicht dazu.
Schreibe die übrigen Wörter auf.
Markiere die Mitlaute und den kurzen Selbstlaut davor.

Katze – Wagen – Hand – Schrank – Flasche

Katze,

lernen – denken – werfen – reden – schenken

tanzen – Wanzen – Nacht – Schal – Saft

Blume – Rutsche – Muster – Wunde – Hund

2 Bei drei Wörtern in **1** folgen mehr als zwei Mitlaute auf den kurzen Selbstlaut.
Schreibe sie auf und finde mindestens ein Reimwort.

Flasche,

Wörter mit Ä/ä ableiten ⚡

1 Ergänze in der Tabelle die fehlenden Wörter. Markiere **A/a** und **Ä/ä**.

	ein Ball		
		zwei Gärten	
		zwei Hälse	
	ein Bad		
	ein Schrank		
		zwei Äste	

2 Unterstreiche in jedem Satz das Wort mit **Ä/ä**.
Finde zu jedem Wort mit **Ä/ä** das verwandte Wort mit **A/a**. Schreibe es auf.

Die Kutsche hat vier Räder.   • das Rad

Im Herbst werden die Blätter gelb.   •

Die Kinder essen rote Äpfel.   •

Wir ziehen unsere Mäntel an.   •

Im Winter sind die Nächte kalt.   •

Wörter mit a/ä ableiten ⚡

1 Finde zu jedem Wort mit **a** das verwandte Wort mit **ä**.
Schreibe es passend in die Lücken.

Bank	Nagel	Garten	Hand
Dach	Rand	Wand	~~Vater~~

Heute stellt Katharinas Klasse mit einigen   Vätern   und Müttern

im Schulgarten neue _____ auf. Sie reparieren auch die

_____ der beiden Lauben. Katharina muss viele _____

in die _____ schlagen. Sie passt gut auf, um sich ihre

_____ nicht zu verletzen. Am Ende werden noch

die _____ der Dachpappe abgeschnitten. Nächste Woche wird

die Klasse die beiden _____ der Schule vom Unkraut befreien.

2 Zu welchen Wörtern mit **ä** kennst du <u>kein</u> verwandtes Wort mit **a**?
Schreibe die Wörter mit Artikel auf.

Diese Wörter musst du dir merken.

• Säge • Zähnchen • Märchen • Bär • Träne
• Äffchen • Käfig • Mäntel • Äste • Gärtchen • Käse

die Säge,

_____

_____

Wörter mit Äu/äu ableiten

1 Verbinde die verwandten Wörter.

träumen	das Haus
die Zäune	der Raum
die Häuser	der Traum
räumen	der Zaun

der Räuber	der Schaum
schäumen	der Baum
die Bäume	die Faust
die Fäuste	rauben

2 Trenne die Wörter in der Wörterschlange durch senkrechte Striche.

KRÄUTER|BÄUCHEMÄUSERÄUMESCHLÄUCHEBRÄUTELÄUSE

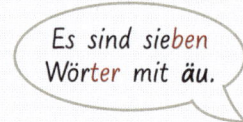

Es sind sieben Wörter mit äu.

3 Schreibe die Wörter mit **äu** aus der Wörterschlange auf.
Suche zu jedem Wort ein verwandtes Wort mit **au**. Markiere **au** und **äu**.

Kräuter – Kraut,

Wörter mit Äu/äu ableiten ⚡

Väterchen Frost wohnt in einem kleinen H★schen.
Das Geb★de am Ende des Sträßchens zerfällt.
Auf dem Dach gurrt ein T★bchen.
Hinter dem M★erchen kauert ein M★schen.
Als Mila und Milo das Gärtchen betreten,
hören sie ein merkwürdiges Ger★sch.
Mutig l★tet das Mädchen an der Haustür.
Die Kinder tr★men von einem großen Abenteuer.

1 Schreibe die Wörter mit Sternchen richtig.
Finde zu jedem ein verwandtes Wort mit **au**.

Häuschen – Haus,

2 Im Text findest du auch Wörter mit **ä**.
Schreibe sie auf. Finde ein verwandtes Wort mit **a**.

Väterchen –

> *Zu einem Wort mit ä gibt es kein verwandtes Wort.*

Kein verwandtes Wort gibt es zu: _____

Adjektive kennenlernen

1 Schreibe zu jedem Bild das passende Adjektiv.

| grün | bunt | krumm | lang | spitz | dick |

grün

2 Beschreibe den Hahn genau.
Setze die Adjektive passend ein.

| stolz | rot | klein |
| braun | spitz | grau |

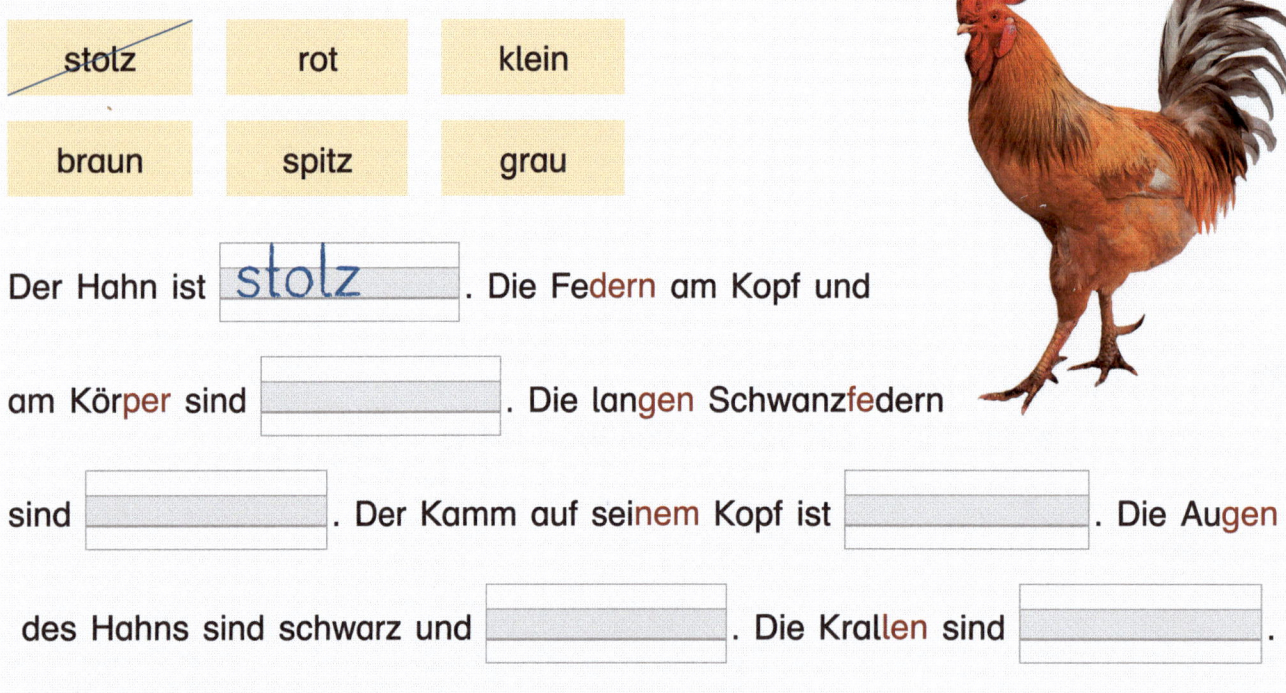

Der Hahn ist **stolz** . Die Federn am Kopf und

am Körper sind _____ . Die langen Schwanzfedern

sind _____ . Der Kamm auf seinem Kopf ist _____ . Die Augen

des Hahns sind schwarz und _____ . Die Krallen sind _____ .

3 Male die Gegensätze in der gleichen Farbe an.

| trocken | falsch | weich | hart | kurz | dünn |
| dick | nass | leer | lang | richtig | voll |

Adjektive kennenlernen

1 Was fühlt Olli?
Löse das Rätsel, indem du die Adjektive passend einsetzt.

| leicht | krank | weich | glatt | durstig | ~~lang~~ | kahl | hell | wütend |

Lenas Schulweg ist ziemlich

Die Eisbahn ist sehr

Herr Schwarz ärgert sich. Er ist

Das Fell des Kaninchens ist

Carl fehlt in der Schule. Er ist

Im Sommer ist es abends lange

Nach dem Dauerlauf sind alle

Das Rechnen fällt Emina

Opa hat keine Haare mehr. Er ist

| L | A | N | G |

Olli ist sehr _____ .

2 Unterstreiche in jedem Satz das Adjektiv.
Ergänze jeweils den Gegensatz.

Was nicht <u>laut</u> ist, das ist leise .

Wer schon alt ist, ist nicht mehr _____ .

Wenn etwas warm ist, ist es nicht _____ .

Ist jemand sauber, dann ist er nicht _____ .

Sprachen vergleichen

1 Was gehört zusammen? Verbinde.

İyi ki doğdun Jenny,
İyi ki doğdun Jenny,
İyi ki doğdun Jen-nyyyy,
Mutlu yıllar sana!

Joyeux anniversaire,
Joyeux anniversaire,
Joyeux anniversaire, chèr Timo.
Joyeux anniversaire.

С днем рождения тебя
С днем рождения тебя
С днем рождения тебя, Timo,
С днем рождения тебя

Happy birthday to you,
happy birthday to you,
happy birthday, dear Timo,
happy birthday to you!

Cumpleaños feliz,
cumpleaños feliz,
te deseamos todos, Jenny
cumpleaños feliz!

Zum Geburtstag viel Glück,
zum Geburtstag viel Glück,
zum Geburtstag, lieber Timo,
zum Geburtstag viel Glück!

 Spanien

 Deutschland

 Irland

 Russland

 Türkei

 Frankreich

Sprachen vergleichen

1 Kinder aus verschiedenen Ländern haben Geburtstag.
Schreibe die passenden Glückwünsche zu jedem Kind.

Doğum günün kutlu olsun.	
Happy birthday.	
Feliz aniversario.	
Feliz cumpleaños.	
Joyeux anniversaire.	
Buon compleanno.	

Italien   Buon

Türkei

Portugal

Irland

Frankreich

Spanien

Achte auf alle Wörter.

2 Welche Glückwünsche ähneln einander? Kreuze an.

Merkwörter mit V/v Ⓜ

1 Klingen **V** oder **v** wie bei Vase 🏺? Dann markiere sie. 🔍

Klingen **V** oder **v** wie bei Vogel 🐦? Dann markiere sie mit einer anderen Farbe.

Vulkan	Verkehr	viel	*Klavier*	*voll*
Verb	*Vater*	Advent	*Pulver*	vorne
vierzig	**Vitamine**		Verein	*November*

2 Schreibe die Wörter aus Aufgabe **1** auf.

Vulkan,

Verkehr,

3 Schreibe die Wörter passend in die Lücken.

verlesen	vorlesen	verlaufen	vorlaufen

Mila durfte heute aus einem Buch _____ .

Sie hat sich nur ein einziges Mal _____ .

Milo hat sich auf dem neuen Schulweg _____ .

Die anderen Kinder wollten schon _____ .

Merkwörter mit V/v Ⓜ

1 Schreibe die Wörter mit **V/v** unter die Bilder.
Tipp: Du kannst die Wörter im Wörterbuch nachschlagen.

Vase

2 Schreibe die Wörter aus ❶ passend in den Text.

Maja hat die Vase mit den _____ vom Tisch

gestoßen. Dabei hat sie sich verletzt. Nun trägt sie einen _____ .

Solange sie nicht wieder in die Schule muss, liest sie ihr Buch über den kleinen

_____ . Dieser erlebt nachts bei _____

die tollsten Abenteuer.

3 Bilde Wörter aus den Silben. Schreibe sie auf.

Vo	zeit	hoch	gel	

No	wet	ber	ter	vem

Wörter mit d/t am Ende verlängern ↝

1 Finde zu jedem Wort die Verlängerung.
Schreibe die Wortpaare auf. Markiere **d** und **t**.

Feld	Brot	Freund	Wörter
Wort	Felder	Brote	Freundin

Wortpaare mit **d**: Feld ↝ Felder,

Wortpaare mit **t**:

2 Verlängere die Wörter. Ergänze **d** und **t**.

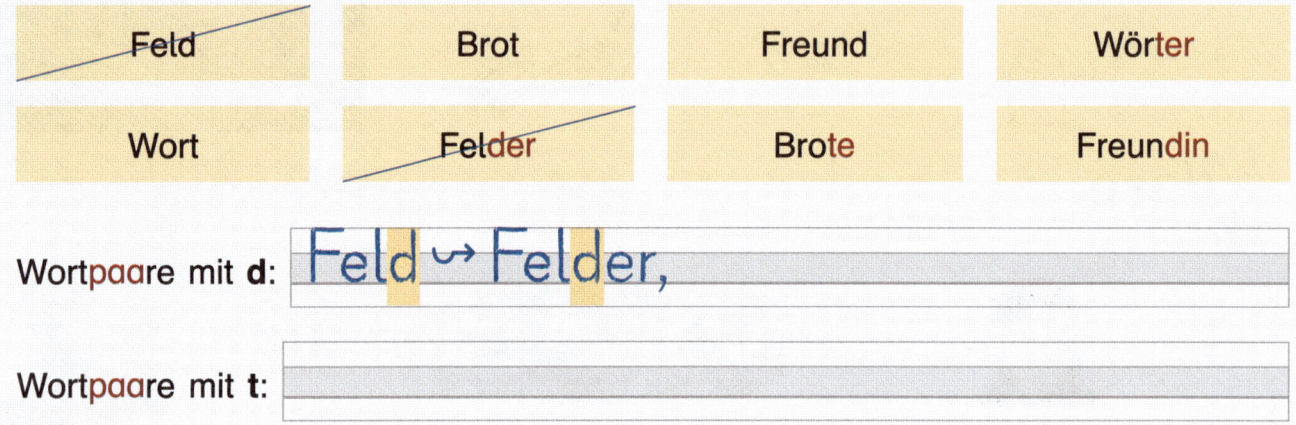

das Klei☐ ↝ die Kleider

das Bro☐ ↝ die

der Mon☐ ↝ die

der Elefan☐ ↝ die

3 Verlängere die Wörter. Schreibe sie in die Lücken. Markiere **d** und **t**.

wei★ ↝	gesun★ ↝	bun★ ↝	gu★ ↝

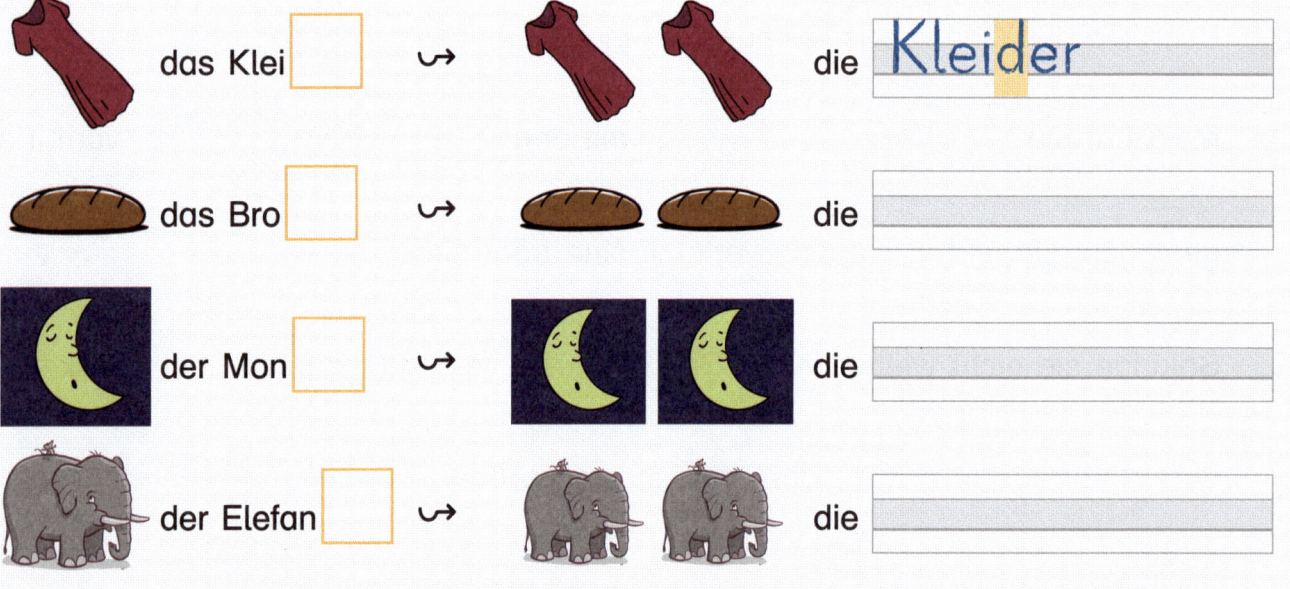

der weite Weg   das _____ Essen

die _____ Laune   der _____ Ball

Wörter mit d/t am Ende verlängern

1 **d** oder **t**? Bilde Wortgruppen.

der die das	har★↵	Essen
	spannen★↵	Nashorn
	gesun★↵	Land
	kal★↵	Geräusch
	wil★↵	Geschichte
	frem★↵	Wasser
	lau★↵	Ei

Höre genau hin!

das harte Ei,

2 Verlängere die Wörter im Kopf und setze **d** oder **t** passend ein.

Am Aben **d** kommt Sami nach Hause. Er schaltet das Lich___ in seinem

Zimmer an. An der Wan___ hinter seinem Bett sieht er sein Lieblingsbil___

hängen. Es gefällt ihm besonders gu___, weil es so schön bun___ ist.

Sami zieht sein schmutziges Hem___ aus und sucht sich ein frisches T-Shirt.

Danach holt er ein Glas Saf___ aus der Küche und beginnt zu lernen.

Bis morgen muss er noch ein Lie___ auswendig können.

Wörter mit b/p, g/k am Ende verlängern ↪

1 Schreibe zu jedem Wort die Verlängerung.
Ergänze **g** oder **k**.

die Bur **g**   ↪   die Burgen

der Schran ☐   ↪   _____

der We ☐   ↪   _____

das Geschen ☐   ↪   _____

die Ban ☐   ↪   _____

2 Verlängere die Wörter. Schreibe sie passend in die Lücken.
Schreibe die Adjektive dahinter. Markiere **b**, **g** oder **k**.

| lie ★ ↪ | vorsichti ★ ↪ | hal ★ ↪ | klu ★ ↪ | gel ★ ↪ | star ★ ↪ |

Das **liebe** _____ Kind hilft der Großmutter.   **lieb**

Der _____ Ball kullert über die Straße.   _____

Der _____ Fahrer bremst.   _____

Ein _____ Ei liegt noch auf dem Teller.   _____

Piet hat heute _____ Kopfschmerzen.   _____

Wörter mit b/p, g/k am Ende verlängern

1 Verlängere die Wörter im Kopf.
Setze richtig ein: **b**, **g** oder **k**.

der Ber **g**   das Mikrosko [ ]   der Zwer [ ]

die Musi [ ]   der Tei [ ]   das Werkzeu [ ]

das Gra [ ]   das Geträn [ ]   der Urlau [ ]

2 **d** oder **t**? **g** oder **k**? **b** oder **p**? Bilde drei lustige Sätze mit den Wörtern oder ihren Verlängerungen.

Kin ★	Köni ★	Hem ★	weni ★	drecki ★	Ber ★
fleißi ★	Sommerta ★	Kal ★	wei ★	Zu ★	
lusti ★	kran ★	Lan ★	Mona ★	kal ★	

Verwende so viele Wörter wie möglich.

3 Schreibe die Wörter aus **2**, die du nicht verwendet hast, richtig auf.

Den unbestimmten Artikel kennenlernen

1 Verbinde passend: der/ein, die/eine oder das/ein.

Keks	Quark	Müsli
Senf		Milch
Ei	der/ein	Bonbon
Haselnuss	die/eine	Kuchen
Gummibärchen	das/ein	Honig
Pizza		Torte
	Schokolade	Salz

2 Was liegt in der Schüssel? Schreibe die Nomen
mit bestimmtem und unbestimmtem Artikel auf.

das Eis – ein Eis,

Den unbestimmten Artikel kennenlernen

1 Die Kinder waren einkaufen. Ergänze den bestimmten oder unbestimmten Artikel.

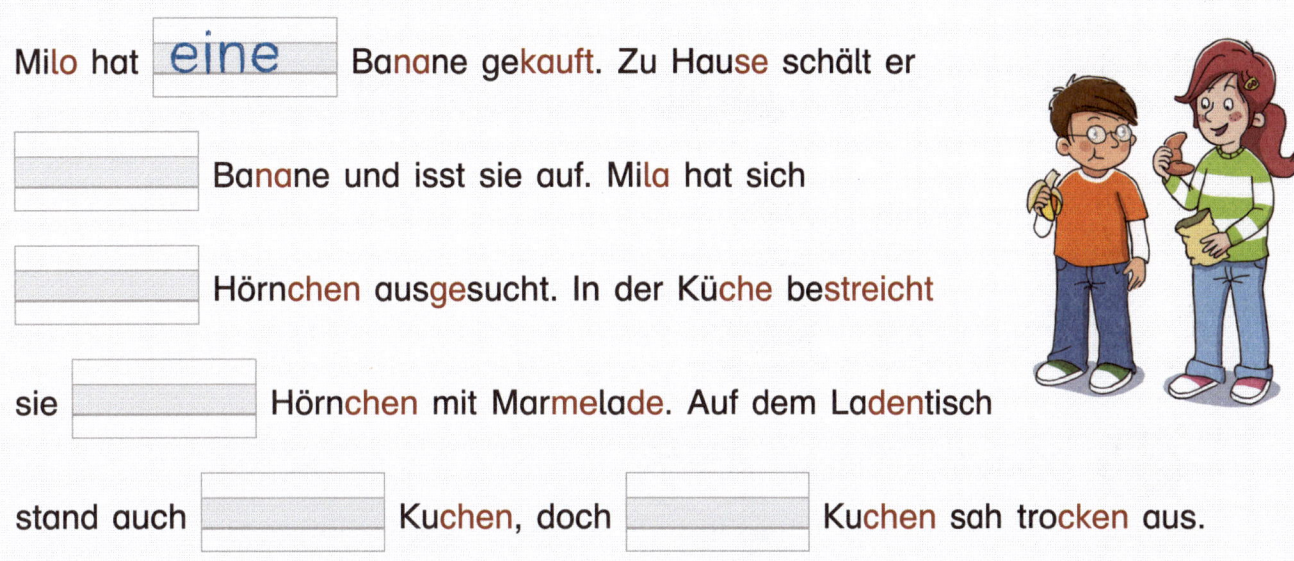

Milo hat eine Banane gekauft. Zu Hause schält er

_____ Banane und isst sie auf. Mila hat sich

_____ Hörnchen ausgesucht. In der Küche bestreicht

sie _____ Hörnchen mit Marmelade. Auf dem Ladentisch

stand auch _____ Kuchen, doch _____ Kuchen sah trocken aus.

2 Schreibe zu jedem Artikel zwei weitere Nomen auf.

der/ein

die/ eine

das/ ein

Zusammengesetzte Nomen (A₄)

1 Aus zwei Nomen wird eins. Schreibe die zusammengesetzten Nomen auf.

Käse + Kuchen = Käsekuchen

Apfel + Baum =

Obst + Torte =

Kartoffel + Suppe =

Milch + Flasche =

Kopf + Salat =

2 Zerlege die zusammengesetzten Nomen.
Schreibe alle Nomen mit ihrem Artikel auf.

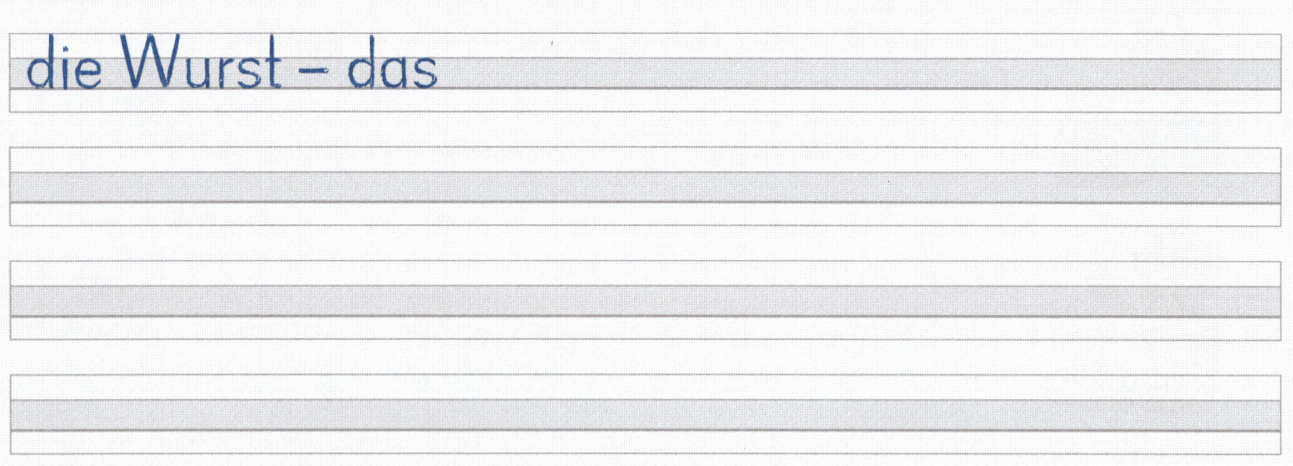

das Wurstbrot der Apfelkuchen der Obstkorb

der Kartoffelsalat der Müsliriegel die Brotdose das Spiegelei

die Wurst – das

Zusammengesetzte Nomen

Achtung:
Manche Wörter musst
du verändern.

1 Die Kinder haben Getränke hergestellt.
Schreibe die zusammengesetzten Nomen auf.

Mila hat sich **Saft** aus 🍎🍎 gemacht: *Apfelsaft*

Ela trinkt **Limonade** aus 🍋🍋 : _____

Naomis **Saft** besteht aus 🍐🍐 : _____

Sami trinkt eine **Milch** mit 🍓🍓 : _____

Emils **Saft** ist aus 🥕 : _____

Ela genießt ihre **Milch** aus 🍌 : _____

2 Erkläre die zusammengesetzten Nomen.

| Schokoladenpudding | Malzbier | Gemüseauflauf | Beerenkompott |

Ein Schokoladenpudding ist ein Pudding aus

_____

_____

_____

_____

_____

Den Wortstamm entdecken

1 Lies die Wörter.
Markiere den
Wortstamm
Koch/koch.

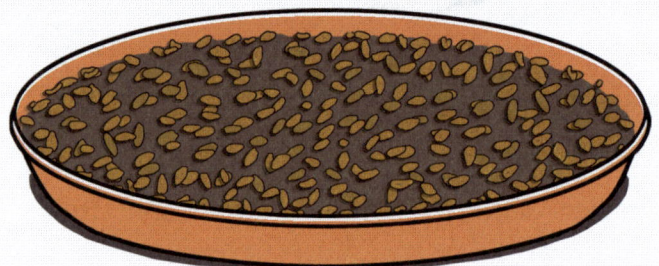

Kochbuch   kochen   Kochlöffel   einkochen
Eierkocher   Kochsalz   verkocht
Schnellkochtopf   überkochen   Chefkoch

2 Lies den Text. Unterstreiche alle Wörter mit dem Wortstamm **Pflanz/pflanz**.

Die Kinder wollen etwas anpflanzen, das sie essen können. Lena blättert
in einem Pflanzenbuch. Dann schlägt sie Kresse vor: „Das ist eine Pflanze,
die schnell wächst." Emir bringt Kressesamen mit. Milo schüttet Pflanzerde
in eine flache Pflanzschale. Er sät die Samen aus und drückt sie fest. Halten
die Kinder die Erde schön feucht, wird die pflanzliche Kost schnell keimen.

3 Schreibe die Wörter mit dem Wortstamm **pflanz** aus **2** auf. Markiere den
Wortstamm.

anpflanzen,

4 Finde noch mindestens drei weitere Wörter mit dem Wortstamm **Pflanz/pflanz**.
Ergänze sie in **3**.

Den Wortstamm entdecken

1 Hier verstecken sich Wörter mit den Wortstämmen **bau** und **wohn**.
Schreibe sie in die Tabelle. Markiere den Wortstamm.

Baustelle wohnlich Anbau Wohnzimmer

einbauen wohnungslos Einwohnerin

Bauklötze Ackerbau bewohnbar

bau	wohn
Baustelle	

2 Finde mindestens zwei Wörter mit den Wortstämmen **schreib**, **dank** und **spar**.
Schreibe die Wörter geordnet auf. Markiere den Wortstamm.

der Schreibtisch,

Wortstamm und Wortfamilie

1 Immer drei Wörter in einer Zeile gehören zu einer Wortfamilie.
Kreise sie immer mit derselben Farbe ein.

Fahrzeug	Andenken	vorbeifahren	Fähre
wegfliegen	Stubenfliege	ausdenken	Abflug
Gedanke	abbrechen	Einbruch	zerbrechlich
lesen	bedenken	Lesebuch	Vorlesung

2 Schreibe die Wörter aus **1** geordnet auf. Markiere den Wortstamm.

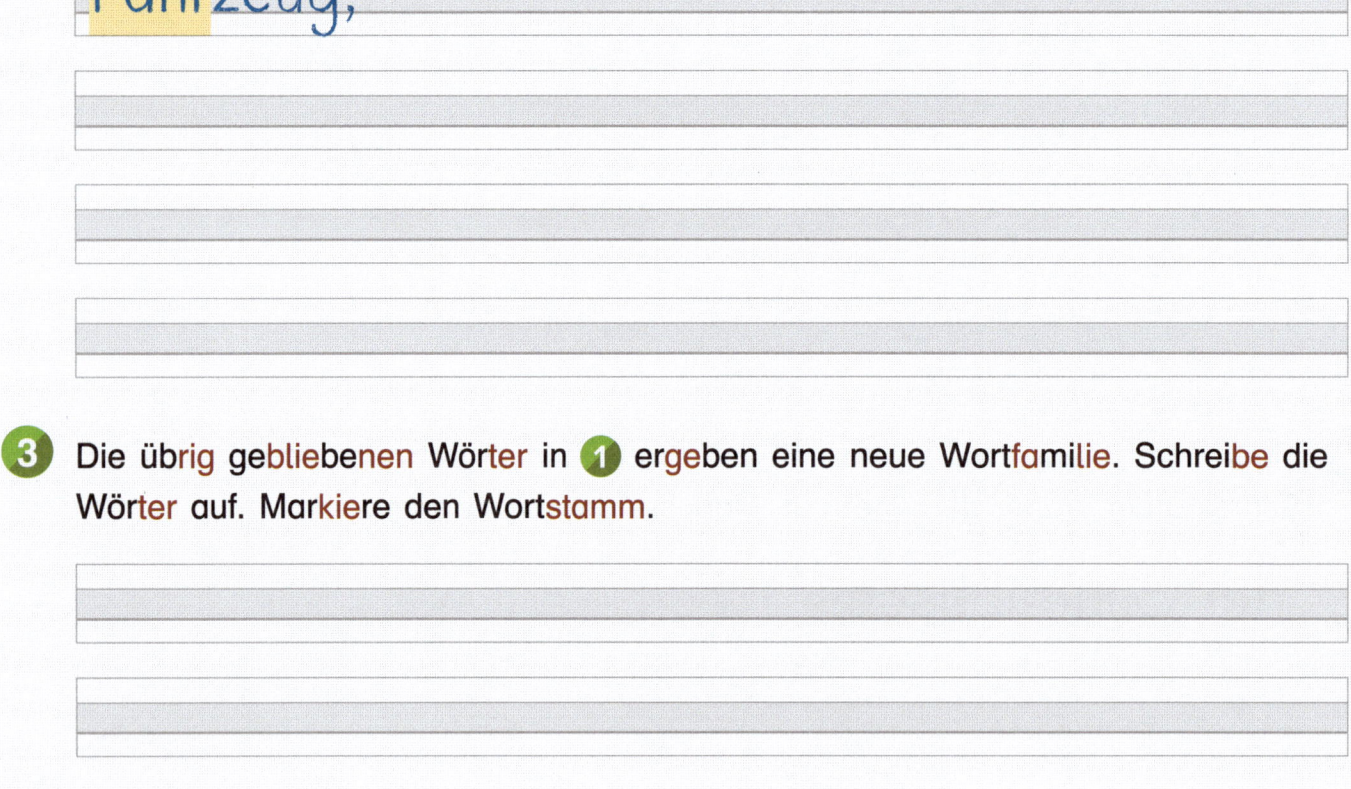

Fahrzeug,

3 Die übrig gebliebenen Wörter in **1** ergeben eine neue Wortfamilie. Schreibe die
Wörter auf. Markiere den Wortstamm.

4 Zu welcher Wortfamilie gehören die Wörter in **3**?

Die Wörter in **3** gehören zur Wortfamilie _____.

Wortstamm und Wortfamilie

1 Bilde Wörter mit dem Wortstamm **fall/fäll**. Schreibe die Wörter auf.
Markiere den Wortstamm.

Zu	über	Wasser	end	ig	er

Auf					en

an		**fall** **fäll**			s

aus					en

Rück	herunter	Holz	ig	los	keit

Zufall,

2 Finde mindestens fünf Wörter zu der Wortfamilie **kaufen**.
Schreibe die Wörter auf. Markiere den Wortstamm.

Merkwörter mit stummem h Ⓜ

1 Verbinde die Wortpaare mit dem gleichen Wortstamm.
Markiere das **stumme h**.

früh	die Lehrerin	die Zahl	der Fehler
das Jahr	mehr	mehlig	zählen
lehren	der Frühling	fehlen	wählerisch
die Mehrheit	jährlich	die Wahl	das Mehl

2 Schreibe die Wortpaare aus **1** auf. Markiere das **stumme h**.

früh – der Frühling,

3 Schreibe die Wörter der Wortfamilie **fühlen** richtig auf. Markiere das **stumme h**.

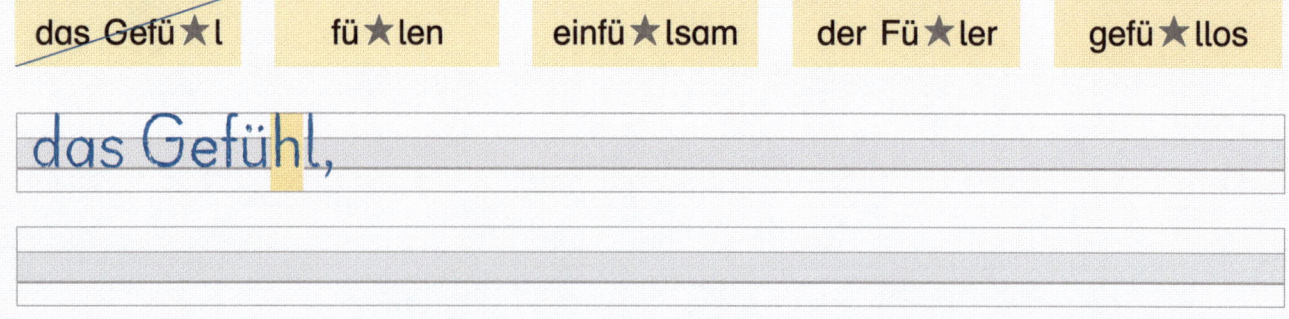

| das Gefü★l | fü★len | einfü★lsam | der Fü★ler | gefü★llos |

das Gefühl,

Merkwörter mit stummem h Ⓜ

1 Bilde Wörter. Schreibe sie auf. Markiere das **stumme h**.

Früh-	Nah-	rer	lung
ne	Boh-	zeit	fahrt
Mahl-	heit	Sah-	stück
Bahn-	Strah-	rung	Wahr-

Frühstück,

2 Schreibe die verwürfelten Nomen richtig auf.
Markiere das **stumme h**.

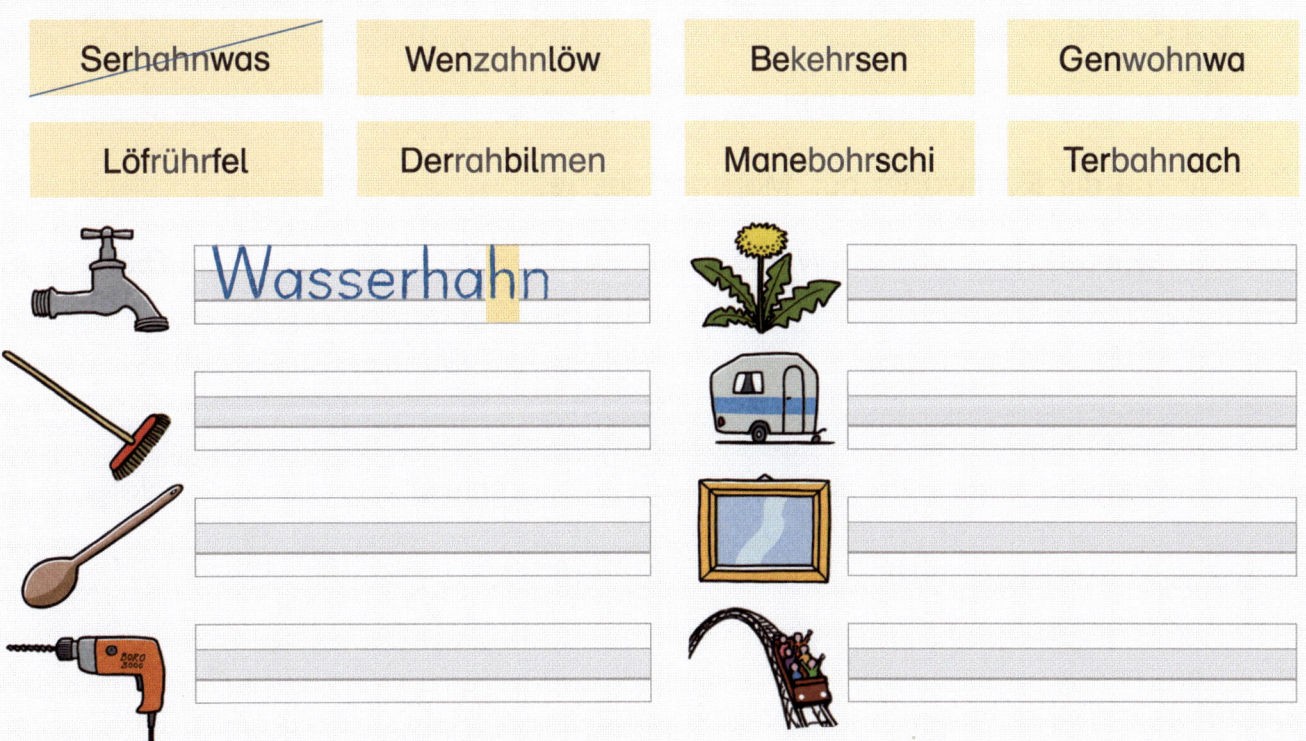

| Serhahnwas | Wenzahnlöw | Bekehrsen | Genwohnwa |
| Löfrührfel | Derrahbilmen | Manebohrschi | Terbahnach |

Wasserhahn

Wörter mit ie

1 Trenne die Wörter ab. Schreibe sie auf. Markiere das **ie**.

Spiel,

2 Schreibe zu jedem Bild das richtige Wort. Markiere das **ie**.

| Spiegel | Fliege | Zwiebel | Papier |

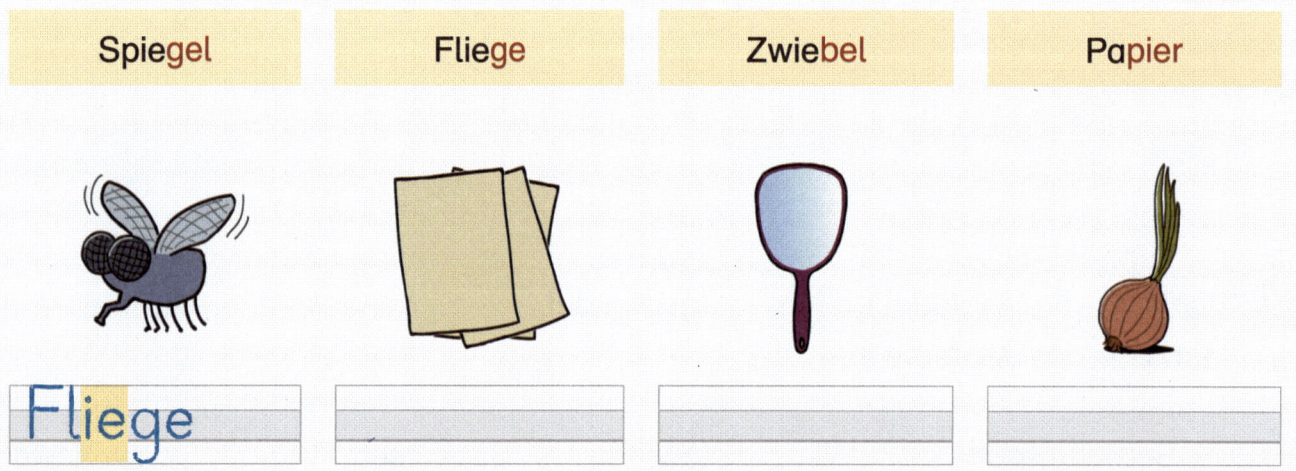

Fliege

3 Schreibe die Reimwörter auf. Markiere das **ie**.

| Riese | Wiege | Diebe | Biene |
| Wiese | Z | L | Sch |

| liegen | schieben | spielen | mieten |
| w | l | z | b |

Wörter mit ie

1 Verbinde jede Biene mit dem passenden Honigtopf.

Flie · wie · sie · Diens · Tie · vie · frie

ren · tag · le · der · re · der · ben

2 Schreibe die Wörter aus **1** auf. Markiere das **ie**.

Flieder,

3 Löse die Rätsel.

R★se · Klav★r · Z★l · W★ge · Zw★bel · St★fel · Z★ge

Er ist sehr, sehr groß und hat lange Füße: Riese

Du brauchst sie, wenn es sehr kalt ist:

Wenn du sie schneidest, tränen deine Augen:

Es ist ein großes Tasteninstrument:

Sie hat einen Bart und meckert:

Darin kannst du ein Baby schaukeln:

Jeder Wettlauf endet dort:

Grundform und Personalformen von Verben

1 Schreibe die Verben in allen Personalformen auf.
Markiere, was sich verändert.

	spielen	**lachen**	**gehen**
ich	spiele		
du			
er/sie/es			
wir			
ihr			
sie			

2 Setze die Personalformen passend ein.

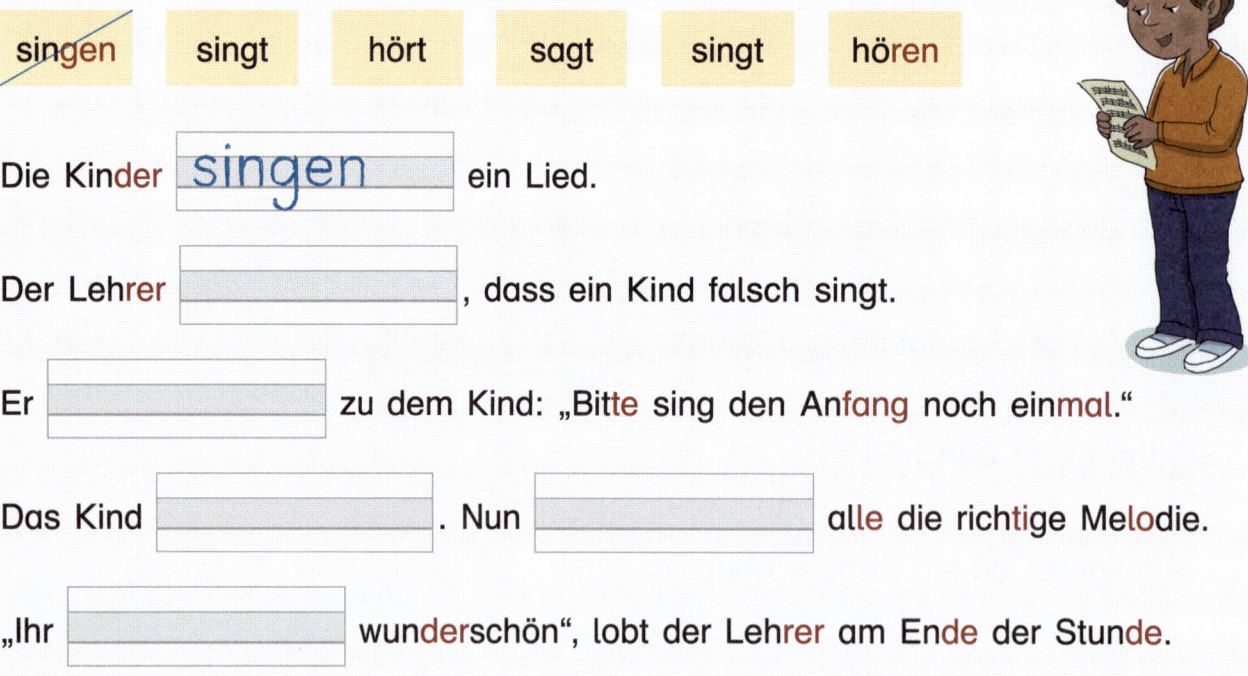

singen   singt   hört   sagt   singt   hören

Die Kinder **singen** ein Lied.

Der Lehrer _____, dass ein Kind falsch singt.

Er _____ zu dem Kind: „Bitte sing den Anfang noch einmal."

Das Kind _____. Nun _____ alle die richtige Melodie.

„Ihr _____ wunderschön", lobt der Lehrer am Ende der Stunde.

Grundform und Personalformen von Verben

1 Schreibe die Verben in der richtigen Personalform auf.
Finde zu jedem Absatz das passende Bild.

1. Emil ___geht___ gehen in die Stadtbibliothek.

   Am Eingang _____ warten er auf Naomi.

   Da _____ kommen sie auch schon angestürmt.

2. Naomi _____ suchen ein Sachbuch

   übers Fliegen. Emil _____ helfen ihr dabei.

3. In der gemütlichen Leseecke _____ sitzen Ela

   und _____ blättern in einer

   Zeitschrift. Sie _____ nicken ihnen zu.

4. Naomi _____ finden endlich das Buch,

   das sie gesucht hat. Sie _____ freuen sich

   und _____ zeigen es Emil.

5. Emil _____ fragen Naomi: „Leihst du dir

   das Buch aus?" Sie _____ antworten :

   „Aber klar!"

Wortfelder

1 Markiere die Verben der Wortfelder **gehen** und **sagen** in verschiedenen Farben.

schleichen   bitten   jammern   rennen

stolpern   flüstern   hopsen   rufen

2 Ordne die Verben aus **1** in die Tabelle.

Wortfeld: **gehen**	Wortfeld: **sagen**
schleichen	bitten

3 Setze die Verben aus dem Wortfeld **essen** passend ein.

frühstücken   verzehren   naschen   verschlingen

Das Mädchen **verzehrt** sein Pausenbrot.

Sonntags _____ die Familie immer zusammen.

Der Hund _____ das Würstchen.

Die Großmutter _____ von der Schokoladentorte.

Wortfelder

1 Ein Verb in jeder Reihe passt nicht. Schreibe es auf.

Wortfeld **malen**:	anstreichen	tuschen	schnarchen	zeichnen
Wortfeld **sehen**:	gucken	dösen	betrachten	blicken
Wortfeld **putzen**:	schrubben	abstauben	schlummern	kehren
Wortfeld **lachen**:	träumen	kichern	lächeln	grinsen

2 Bilde aus den falschen Wörtern der **1** ein neues Wortfeld.

Wortfeld:

3 Ordne die Verben aus dem Wortfeld **sagen** genauer.

brüllen	mäkeln	flüstern	nuscheln
murmeln	nörgeln	kreischen	hauchen

Etwas laut sagen brüllen,

Etwas leise sagen

Etwas unzufrieden sagen

Etwas undeutlich sagen

Piktogramme und Emojis

1 Was bedeuten die Piktogramme? Verbinde.

Schwimmbad
Flughafen
Telefon
Behindertentoilette
Fotografieren verboten
Parkplatz
W-Lan
Gepäck
Abfalleimer
Treppe
Krankenhaus

Piktogramme und Emojis

1 Löse das Bilderrätsel. Schreibe die Sätze auf.

Das Baby hat Hunger.

2 Male selbst ein Piktogramm.

Lesen verboten   Bitte leise sein!   Partnerarbeit

Doppelte Mitlaute

1   Lies den Text. Finde zwölf Wörter mit doppeltem Mitlaut. Markiere sie.

Ich habe einen Brief von meinem Opa bekommen.
Er fragt, ob wir uns am Mittwoch an der Hütte treffen
wollen. Opa wird dann Wasser und eine Kanne Kakao
mitbringen. Wenn ich Kartoffelsalat essen möchte,
bereitet er eine ganze Schüssel davon vor.

2   Schreibe die Wörter mit doppeltem Mitlaut passend auf.
Markiere alle doppelten Mitlaute und den kurzen Selbstlaut davor.

Wörter mit mm: *bekommen,*

Wörter mit tt:

Wörter mit ff:

Wörter mit ll:

Wörter mit nn:

Wörter mit ss:

3   Schreibe die doppelten Mitlaute in die Lücken.
Schreibe ein passendes Reimwort darunter.

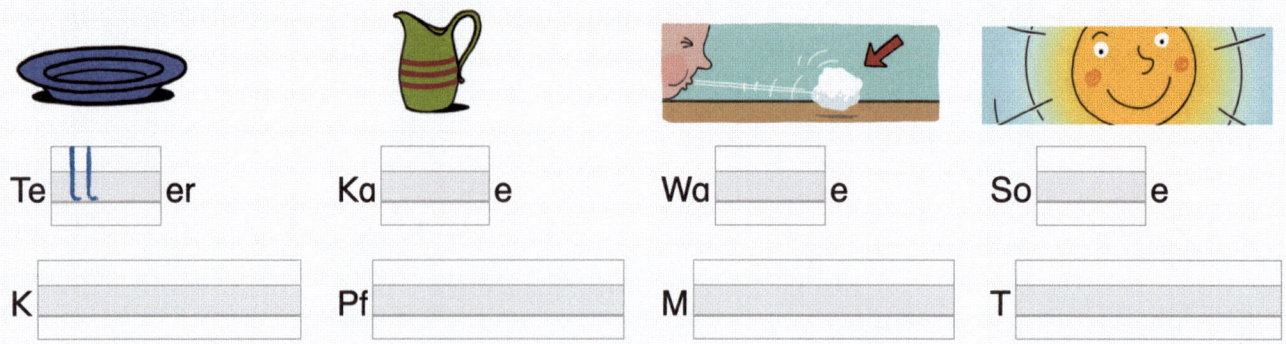

Te ll er   Ka ___ e   Wa ___ e   So ___ e

K ___   Pf ___   M ___   T ___

Doppelte Mitlaute

1 In jedem Bücherstapel befindet sich ein Wort, das nicht dazugehört. Markiere es. Bilde aus den Wörtern einen neuen Bücherstapel.

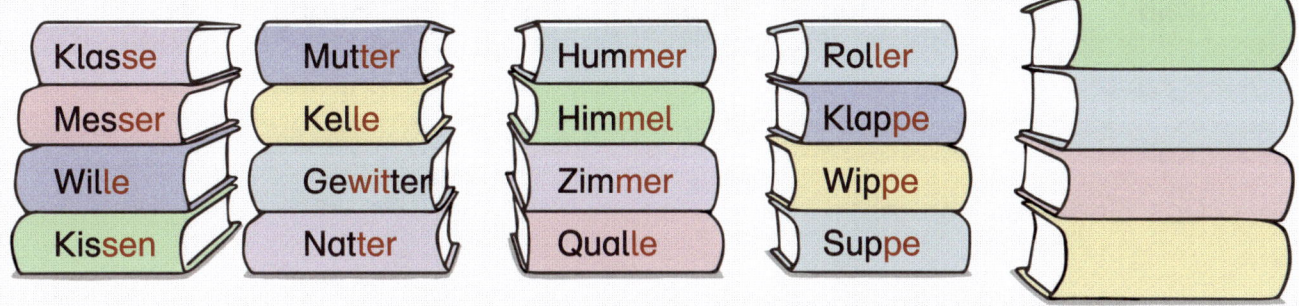

Klasse	Mutter	Hummer	Roller
Messer	Kelle	Himmel	Klappe
Wille	Gewitter	Zimmer	Wippe
Kissen	Natter	Qualle	Suppe

2 Setze die doppelten Mitlaute passend in die Lücken:

tt (5x), ff (2x), nn (4x), mm (1x), ss (2x), bb (2x).

Als Milo sich mit seinem Opa mi ⎡tt⎤ wochs zum Picknick tri⎡   ⎤t,

bre⎡   ⎤t die So⎡   ⎤e heiß vom Hi⎡   ⎤el. Deshalb setzen sie

sich zum E⎡   ⎤en vor der Hü⎡   ⎤e in den Scha⎡   ⎤en. Opa legt

geschälte Karo⎡   ⎤en zum Kna⎡   ⎤ern auf den Tisch. Für Milo

stellt er eine Flasche Wa⎡   ⎤er hin und für sich selbst eine

Thermoska⎡   ⎤e mit heißem Ka⎡   ⎤ee. Außerdem packt er ein Buch

über Ro⎡   ⎤en aus. Gespa⎡   ⎤t blä⎡   ⎤ern sie darin.

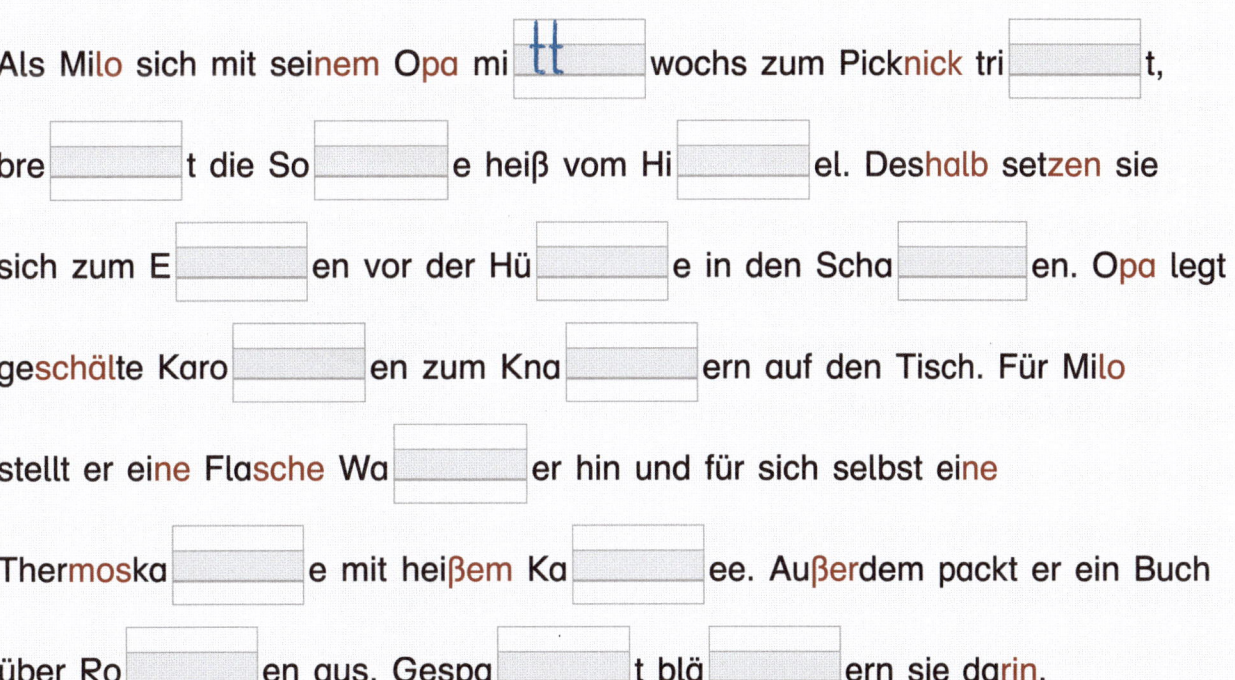

Wörter mit ß

1 Verbinde. Schreibe die Wörter mit **ß** auf.

| weiß | barfuß | Floß | Fußball | Soße | Strauß | ~~außen~~ |

Das Gegenteil von innen.

Kunstvoll zusammengebundene Blumen.

Wasserfahrzeug aus zusammengebundenen Baumstämmen.

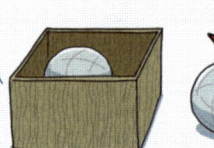   

außen

Ball, der während des Spiels mit den Füßen oder dem Kopf bewegt wird.

Ohne Schuhe und Strümpfe sein.

Würzige Flüssigkeit, die über das Essen gegossen wird.

Das Gegenteil von schwarz.

Wörter mit ß

1 Finde die Verben. Schreibe sie auf.

schlie · grü · genie · ß · en

sto · gie · bei · ß · en

schließen,

2 Schreibe mit den Verben Sätze aus **1**.

Der Lehrer schließt das Fenster.

Ich genieße meine Torte!

Aufforderungssätze und Ausrufe (Aa)

1 Was sagen die Kinder? Male rot an.
Was sagt der Großvater? Male grün an.

2 Schreibe die Sätze aus **1** ab.
Markiere den Satzanfang und das Ausrufezeichen am Satzende.

Beeilt euch ein bisschen!

Aufforderungssätze und Ausrufe

1 Was möchte die Lehrerin von den Kindern? Bilde Aufforderungssätze und schreibe sie auf. Ergänze jeweils ein Ausrufezeichen am Satzende.

Putz ...

Leere ...

Hol ...

Leg ...

Öffnet ...

das Buch aus dem Regal

eure Hefte

den Papierkorb aus

die Tafel

das Handy weg

Putz die Tafel!

2 Überlege dir passende Ausrufe zu den Sätzen. Schreibe sie auf.

Das schmeckt.

Ich habe eine Eins.

Ein Auto kommt.

Mmh, das schmeckt!

Verschiedene Satzarten Aa

1 Verbinde.

Darf ich dir helfen ★

Das Buch ist spannend ★

Wann ist die Stunde zu Ende ★

Schrei doch nicht immer so ★

Ich bin gleich fertig ★

Lass mich in Ruhe ★

Gib mir das Buch ★

Leihst du mir deinen Stift ★

Ich löse die Aufgabe allein ★

2 Schreibe die Sätze aus ① ab. Ergänze: . oder ! oder ?.
Markiere den Satzanfang und das Zeichen am Satzende.

● Ich bin gleich fertig.

!

?

Verschiedene Satzarten (Aa)

1 Frage oder Aussage? Ergänze jeweils das passende Satzzeichen.
Formuliere zu jeder Frage eine Aufforderung und zu jeder Aussage eine Frage.

Sind noch leckere Kekse da **?**

Gib mir bitte einen Keks!

Die Fahrt dauert ungefähr vier Stunden ☐

Es ist jetzt halb zwei ☐

Würdest du bitte das Fenster öffnen ☐

Wann machen wir eine Pause ☐

Die blaue Tasche liegt im Kofferraum ☐

Wörter mit A/ä und Au/äu ableiten ⚡

1 Schreibe die verwandten Wörter richtig auf.

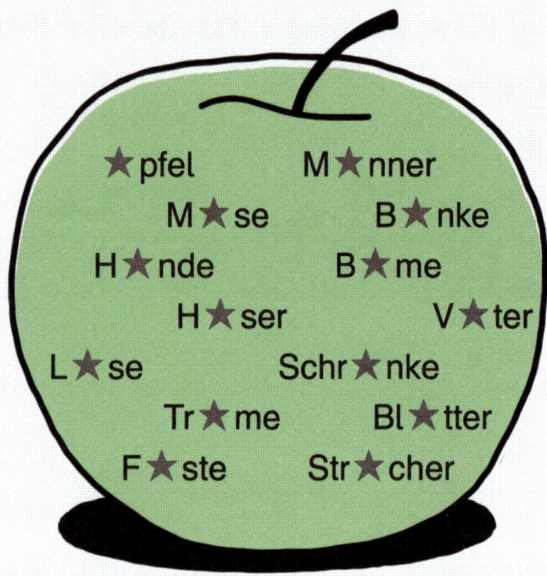

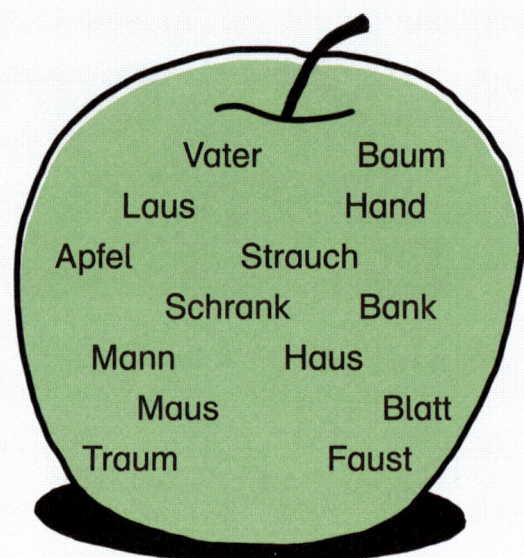

Wortpaare mit **ä – a**:

Äpfel – Apfel,

Wortpaare mit **äu – au**:

Wörter mit A/ä und Au/äu ableiten ⚡

1 Setze passend ein: **ä** oder **a**, **äu** oder **au**.

Heute r **äu** men die Kinder mit ihrem V_____ter den G_____rten hinter

dem H_____s auf. Zuerst k_____mmen sie den Rasen ab, sammeln das

trockene L_____b ein und füllen es in große S_____cke. Die übrigen

Abf_____lle stecken sie in die Mülltonne. Anschließend rupfen sie die restlichen

Kr_____ter aus dem Beet, um sie zu trocknen. Als sie den Z_____n am Ende

des Grundstücks streichen, entdecken sie ein Nest voller M_____se.

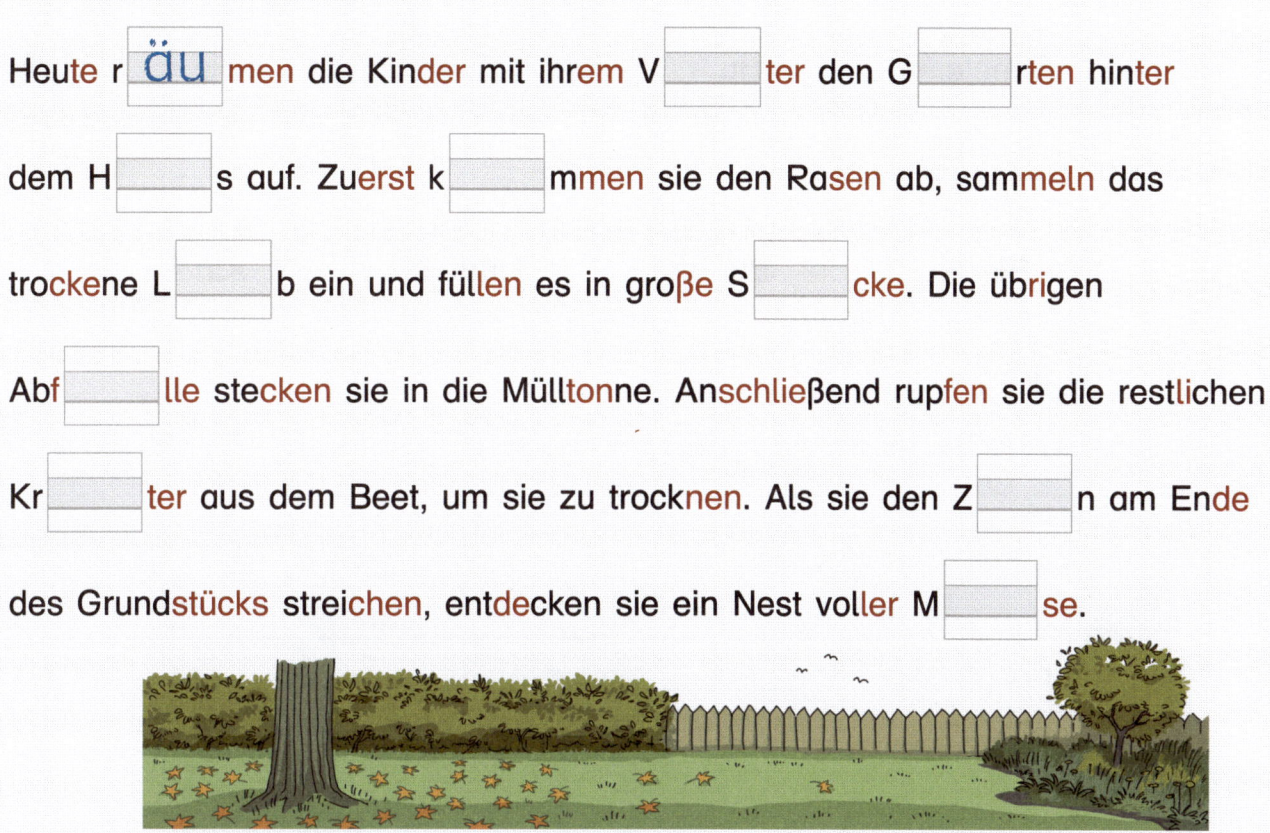

2 Schreibe zu jedem Wort mit **ä/a** und **äu/au** ein verwandtes Wort.
Markiere in **1** das Wort mit **au**, zu dem es kein verwandtes Wort mit **äu** gibt.

räumen – Raum,

Wörter mit b/p, d/t, g/k am Ende verlängern ⟳

1 Schreibe die Wörter richtig auf. Finde immer eine Verlängerung.

| Sonnta ★ | Hu ★ | Ba ★ | Sie ★ |

| Schran ★ | Mikrosko ★ | We ★ | Die ★ | Wor ★ |

| Pfer ★ | Bur ★ | Urlau ★ | Kin ★ |

Wörter mit **g/k**:

Sonntag – Sonntage,

Wörter mit **d/t**:

Wörter mit **b/p**:

2 Schreibe **b/p**, **d/t** oder **g/k** passend in die Lücken.

Auf dem Heimwe ☐ ist Milas Klei ☐ schmutzig geworden.

Im Ba ☐ versucht sie, den Fleck zu entfernen. Zuerst klopft sie den Stau ☐

ab. Als sie mit der rechten Han ☐ die Temperatur des Wassers prüft, spritzt

es ihr ins Gesich ☐ .

Wörter mit b/p, d/t, g/k am Ende verlängern ☺

1 Verlängere die Wörter. Setze sie passend in den Text ein.

spannen ★	lie ★	Musi ★	schlech ★
lau ★	gu ★	wil ★	Wel ★

Emil liest ein Buch, das sehr _____ ist. Die Tiere darin sind

_____ und leben in einer ihm fremden _____ .

Doch die _____ im Zimmer seiner Schwester ist so

_____ , dass er sich nur _____ konzentrieren kann.

Ganz _____ bittet er seine Schwester, die Musik leiser zu drehen.

Vergeblich. Schließlich stopft er sich Stöpsel in die Ohren. Dann ist es

_____ .

2 Löse das Rätsel. Schreibe die Wörter auf.

Er bläst um die Ecke und wirbelt das Laub auf. _____

Es ist das Kind der Kuh. _____

Du kannst damit schreiben. _____

Er wird von einer Lokomotive gezogen. _____

Wörter mit ck

1 Verbinde die Silben. Schreibe die Wörter auf.
Markiere den kurzen Selbstlaut vor dem **ck** mit einem Punkt.

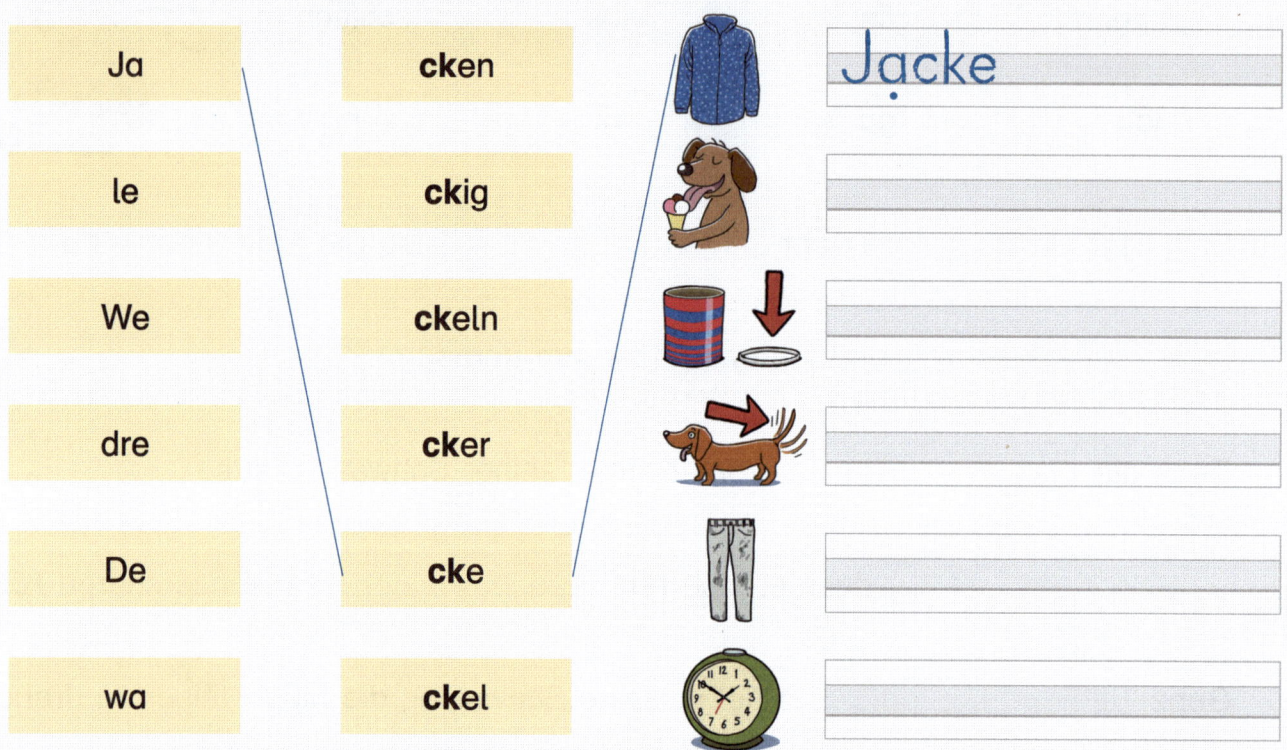

Ja	**ck**en		Jạcke
le	**ck**ig		
We	**ck**eln		
dre	**ck**er		
De	**ck**e		
wa	**ck**el		

2 Setze die Wörter ein. Ergänze passend.

Stock   Sack   Jacke   Stück   Rock

Opa hat einen **Stock** , Emil ein **Stöckchen** .

Mama trägt einen _____ , Mila ein _____ .

Oma befüllt einen _____ , Naomi ein _____ .

Der Riese kriegt ein _____ , der Zwerg ein _____ .

Emil trägt eine _____ , das Baby ein _____ .

Wörter mit ck

1 Finde Reimwörter und schreibe sie auf.

Flocken

L

spucken

z

Schnecke

Z

Zweck

Fl

schicken

kl

hacken

Z

2 Entziffere die Wörter. Setze sie passend ein.

| ~~Frühstück~~ | wackelt | erschrocken | Dackel | Ecke | Stück |

Auf dem Schulweg knabbert Naomi an einem Würstchen, das vom

Frühstück übrig war. Plötzlich flitzt der

der Nachbarn um die   und versperrt ihr den Weg.

„Was willst du?", fragt Naomi .

Der Hund   eifrig mit dem Schwanz. „Aha!", versteht

Naomi, bricht ein   von der Wurst ab und reicht es ihm.

Wörter mit tz

1 Verbinde die Reimwörter.

Spritze	Platz	Stütze
Satz	kritzeln	Ritze
Mütze	Hitze	witzeln
kitzeln	Schütze	Schatz

2 Schreibe die Reimwörter aus **1** auf. Markiere **tz** und den kurzen Selbstlaut davor.

Spritze –

3 Schreibe die Wörter richtig auf.

Was ist denn hier passiert?

Blitz   kratzen   schützen

Blitz

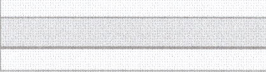
Matratze   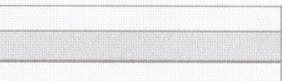putzen   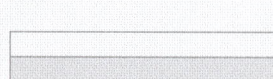witzig   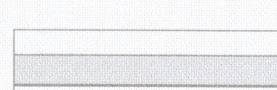Flugplatz

Wörter mit tz

1 Finde die verwandten Wörter. Schreibe sie auf.
Markiere **tz**.

Witz   schützen   kratzen   Netz

putzig   Schutz   witzeln   putzen

vernetzen   kratzbürstig   Schutzblech   Kratzer

witzig   Mobilnetz   Putztuch

Wi —

2 Schreibe fünf Sätze, in denen mindestens ein Wort mit **tz** vorkommt.
Die Bilder helfen dir.

Adjektive verändern sich

1 Unterstreiche in jedem Satz das Adjektiv. Schreibe es auf.
Markiere, was sich beim Adjektiv verändert.

Der Fahrradweg ist <u>breit</u>.

Der breite Fahrradweg kreuzt die Straße.

Ein breiter Fahrradweg wird neu gebaut.

Die breiten Fahrradwege werden asphaltiert.

breit

Das Fahrrad ist rot.

Das rote Fahrrad war ein Geschenk.

Ein rotes Fahrrad hat Emil sich immer gewünscht.

Die roten Fahrräder stehen im Schaufenster.

Die Bremse ist kaputt.

Die kaputte Bremse muss ersetzt werden.

Eine kaputte Bremse führt zu Unfällen.

Die kaputten Bremsen wurden repariert.

Adjektive verändern sich

1 Setze die Adjektive mit der richtigen Endung ein. Markiere die Endung.
Finde für den letzten Satz selbst passende Adjektive und setze sie ein.

~~lang~~	neu	flauschig	dänisch
klein	kurz	schön	ganz

Naomi schreibt ihrem Brieffreund Tom einen

langen Brief. Tom wohnt

auf einer sehr _____ Ostseeinsel, die nicht weit von der

_____ Küste entfernt liegt. Sie erzählt ihm von ihren

Erlebnissen während der _____ Herbstferien zu Hause:

Dass die _____ Familie den

_____ Streichelzoo im Nachbarort

besucht hat, zum Beispiel, und wie _____ sie es fand,

im Gehege die Zicklein zu streicheln. Außerdem konnte sie

ein _____ Kaninchen auf den Arm nehmen.

Am Ende der Ferien durfte sie mit ihrer _____

Freundin ins Kino gehen und sich einen _____ Film ansehen.

Wortarten erkennen: Nomen, Verben, Adjektive

1 Kreise die Nomen, Verben und Adjektive mit unterschiedlichen Farben ein.

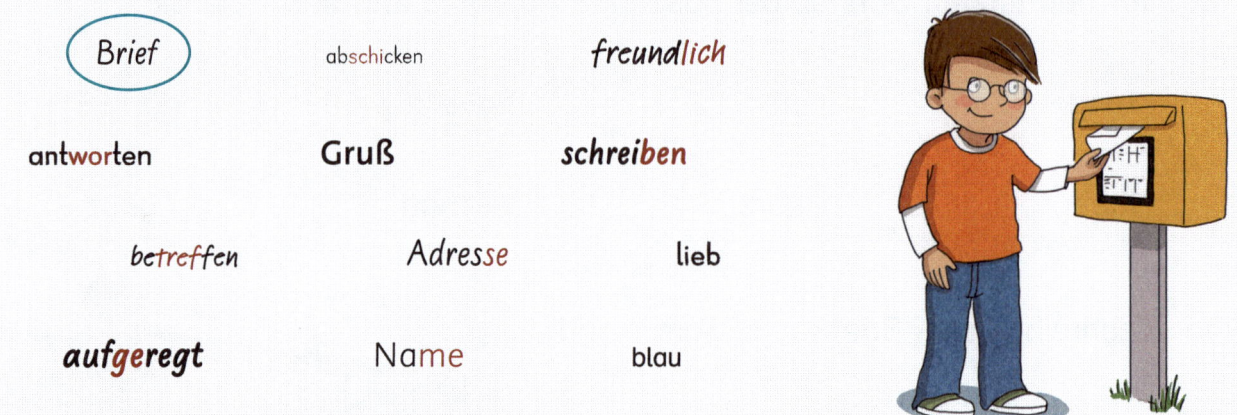

Brief   abschicken   freundlich

antworten   Gruß   schreiben

betreffen   Adresse   lieb

aufgeregt   Name   blau

2 Schreibe die Nomen, Verben und Adjektive aus **1** geordnet auf.

Nomen	Verben	Adjektive
Brief		

3 Finde zu jeder Wortart vier weitere Beispiele. Schreibe sie in die richtigen Spalten in **2**.

Wortarten erkennen: Nomen, Verben, Adjektive

1 In jede Zeile hat sich ein Wort aus einer anderen Wortart eingeschlichen.
Markiere es. Schreibe alle Nomen, Verben und Adjektive richtig auf.

SONNE	MOND	STERNE	SCHEINEN
WELLE	BRECHEN	FLUSS	MEER
FLIEGEN	WINDIG	SEGELN	GLEITEN
LEICHT	LUFTIG	FEDER	KLEIN

Denk daran! Nomen werden großgeschrieben.

Nomen: Sonne,

Verben:

Adjektive:

2 Schreibe Sätze mit Nomen, Verben und Adjektiven. Unterstreiche die Wortarten
in verschiedenen Farben.

Die Kinder spielen friedlich.

Dialekte und Wörterspiele

1 Bilde Wörterketten. Beginne jedes Wort mit dem letzten Buchstaben des vorangegangenen Wortes. Markiere immer den Wortanfang und das Wortende.

HOSE – ESEL – L

AUTO – O

VOGEL –

REGEN –

Verwende eine Wörterliste.

2 Schreibe das ABC in die zweite Zeile. Entziffere die Wörter und schreibe sie auf.

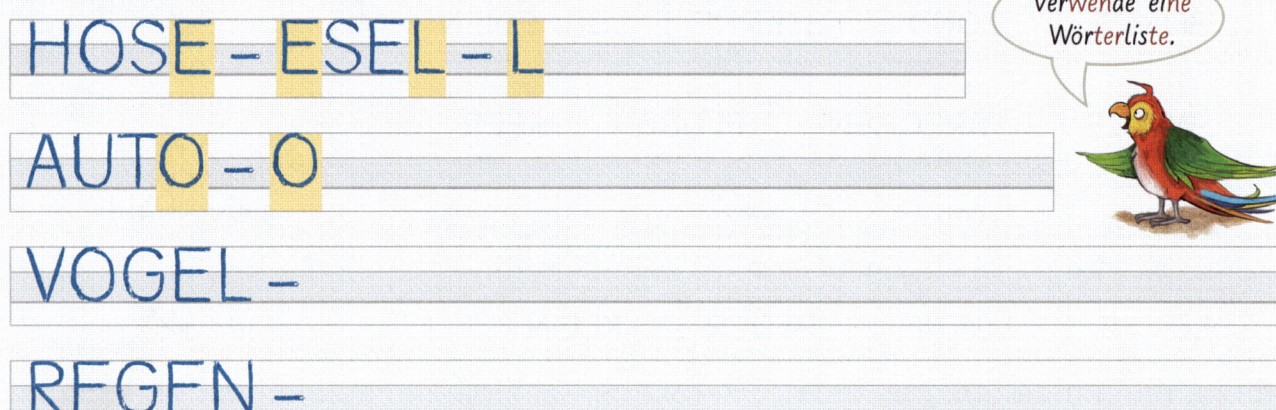

R S T U V W X Y Z A B C D E F G H I J K L M N O P Q

A B C

WCRJTYVEGFJK   Flaschenpost

GZIRKVEJTYZWW

UIVZDRJKVI

JKVILVSFIU

BCRSRLKVIDREE

JTYRKQKILYV

Dialekte und Wörterspiele

1 In diesen Wörtern fehlt entweder ein Buchstabe oder ein Buchstabe ist überflüssig. Setze Trennstriche und schreibe die zusammengesetzten Nomen dann richtig auf.

GoldfrischBlumenstaußPfaumenkuchenFensterbett

Goldfisch,

2 Ersetze im Text die Wörter in Klammern durch Wörter aus deutschen Dialekten.

| • Schrippe | • Schlagobers | • Marillen | • Zwiwwele |

| • Fleischpflanzerln | • Paradeiser | • Krapfen |

Ela hat zum Frühstück (ein Brötchen) eine Schrippe gegessen.

Gestern Abend hatte ihr Vater leckere (Frikadellen)

zubereitet und heute Nachmittag möchte er (Berliner)

ausbacken. Er füllt sie immer mit

Elas Lieblingsmarmelade aus (Aprikosen) .

Ela isst sie am liebsten mit einem Löffel (Sahne)

auf dem Teller. Am Abend gibt es dann aber nur noch (Tomaten)

mit (Zwiebeln) .

Vorangestellte Wortbausteine

1 Bilde mit den Vorsilben neue Verben. Schreibe sie auf.
Markiere die Vorsilben.

aus / an

malen	ausmalen,
sprechen	

vor / ver

lassen	
stellen	

mit / an

bringen	
fliegen	

2 Welche Vorsilbe passt? Markiere sie.

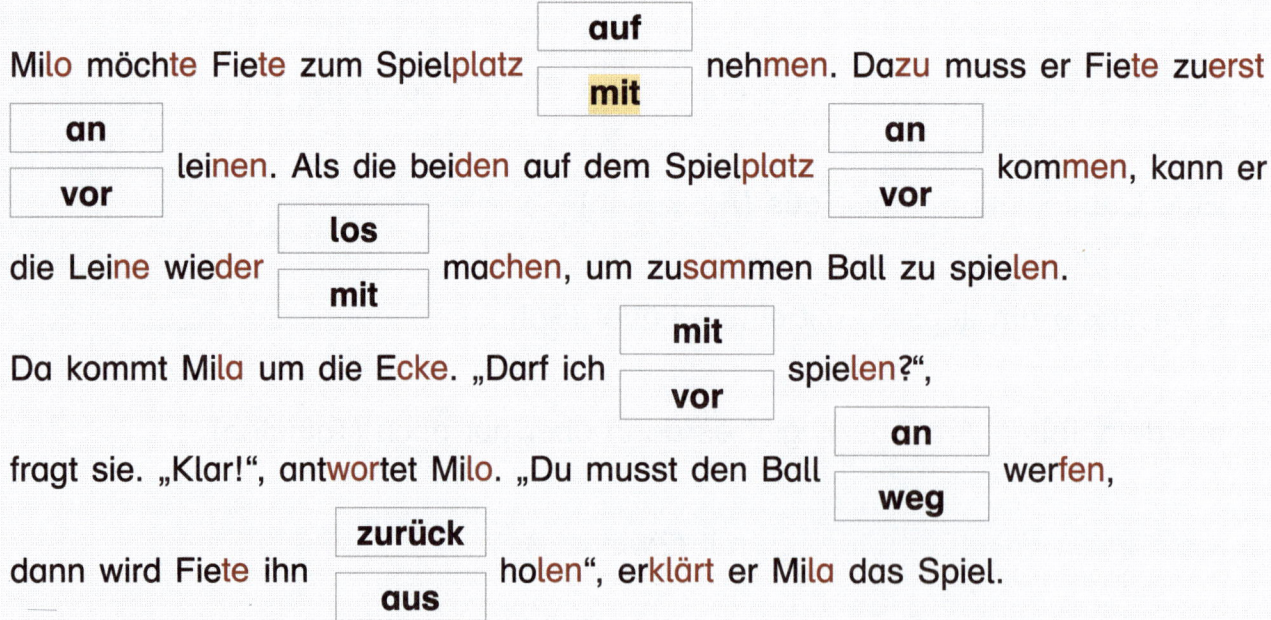

Milo möchte Fiete zum Spielplatz **auf** / **mit** nehmen. Dazu muss er Fiete zuerst

an / **vor** leinen. Als die beiden auf dem Spielplatz **an** / **vor** kommen, kann er

die Leine wieder **los** / **mit** machen, um zusammen Ball zu spielen.

Da kommt Mila um die Ecke. „Darf ich **mit** / **vor** spielen?",

fragt sie. „Klar!", antwortet Milo. „Du musst den Ball **an** / **weg** werfen,

dann wird Fiete ihn **zurück** / **aus** holen", erklärt er Mila das Spiel.

Vorangestellte Wortbausteine

1 Setze die Vorsilben passend ein.

ver · ab · mit · hinzu · zer · auf · ver · auf · ein · ver

Die Kinder **ver** sammeln sich im Bootshaus, um eine Flaschenpost

zu schreiben. Milo wollte Briefpapier _____ bringen, doch er hat es

_____ gessen. „Hast du den Schlüssel dabei, Mila, und kannst die Hütte

_____ schließen?", fragt Milo. Im Inneren finden sie Zettel und ein

paar Stifte. „Wir sollten uns nicht _____ schreiben", warnt Sami. „Erst muss

uns ja etwas _____ fallen, was wir _____ schreiben könnten", witzelt Ela.

Lange _____ brechen sich die Kinder den Kopf. Doch schließlich ist der

Brief fertig. Nun müssen nur noch alle ihre Unterschrift _____ fügen und

dann können sie die Flaschenpost _____ schicken.

Wörter mit ch

1 Klingt das **ch** wie in Milch ? Dann markiere es gelb.
Klingt das **ch** wie in Buch ? Dann markiere es lila.

Kuchen   Küche   Nachmittag   wach   reich

Gesicht   riechen   Tochter   schlecht

acht   Loch   Licht   rechnen   suchen

2 Schreibe die Wörter aus **1** auf.

Küche,

Kuchen,

3 Finde Reimwörter. Schreibe sie auf.
Markiere **ch** mit verschiedenen Farben wie in **1**.

Teich	Sachen	fluchen	Schlauch
r	m	s	B

Licht	Rechen	Koch	mich
d	st	L	s

Wörter mit ch

1 Entziffere die Wörter. Setze sie passend ein.

rehcäF

nethcer

negithcärp

nlehcälna

ehcrikfroD

nehcbröK

nehclieV

lethcahcS

ehcstukstiezhcoH

Kims große Schwester heiratet heute. Gespannt warten die Gäste vor der

Dorfkirche _____ auf die Braut. Kim hat ein _____

voller _____ dabei, die sie verstreuen will.

Endlich biegt die _____ um die Ecke.

Statt des Brautstraußes hält Kims Schwester einen _____

_____ aus weißen Federn in der Hand.

Der Bräutigam hilft ihr aus der Kutsche. Die _____ mit

den Ringen hält er fest in seiner _____ Hand. Wie verliebt

die beiden einander _____ !

Merkwörter mit aa, ee und oo Ⓜ

1 Markiere die Wörter mit unterschiedlichen Farben: aa, ee oder oo.

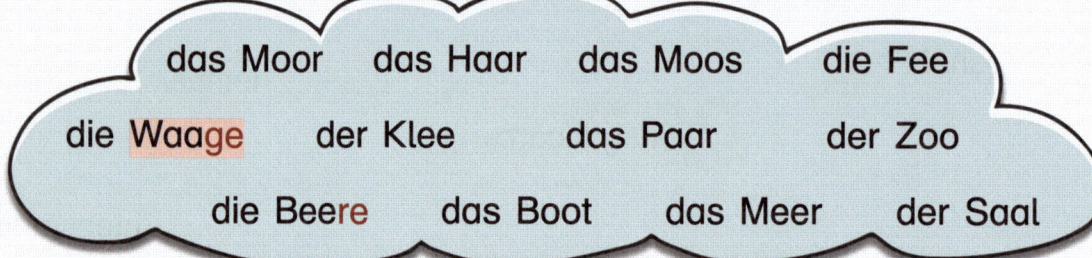

das Moor   das Haar   das Moos   die Fee

die Waage   der Klee   das Paar   der Zoo

die Beere   das Boot   das Meer   der Saal

2 Schreibe die Wörter aus **1** mit ihrem bestimmten Artikel in die Tabelle.

aa	ee	oo
die Waage		

3 Setze die Wörter passend ein.

Aal	leer	doof	Erdbeeren

Die große Schüssel mit den süßen _____

war schnell _____ .

Naomis Opa hat einen langen _____ fürs

Abendessen vorbereitet.

Die Kinder finden das neue Computerspiel ziemlich _____ .

Merkwörter mit aa, ee, und oo Ⓜ

1 Hier fehlen die doppelten Selbstlaute.
Schreibe den Text richtig auf. Markiere die doppelten Selbstlaute.

Lenas Tante Lisa und ihr Onkel Max sind seit 25 Jahren ein P★r. Um das zu feiern, hatten sie die tolle Id★, ein Ausflugsb★t zu mieten und mit ihren Gästen über den S★ zu schippern. In einem kleinen S★l unter dem Oberdeck gibt es für alle Blaub★rtorte, Erdb★rkuchen, Kaff★ und T★. Mit Lenas Hilfe sind die Kuchenplatten rasch l★r gefuttert.

Rätsel 2: Buchstabensalat

1 Jeweils ein Bild und ein verwürfeltes Wort gehören zusammen. Verbinde.

ISENL

PATNICRESIFHF

FEELMARDUS

STSAKZTICHE

FESCHLAPSONT

FORHNRER

RNIGSUTRENTG

2 Überprüfe dein Ergebnis in 1, indem du alle Wörter richtig aufschreibst.

Insel,

Rätsel 2: Tiere im Zoo

1 Löse das Rätsel und schreibe auf, welche Tiere gesucht werden.

1+4: **1** 2 6 **7**

2: 1 **2** 3 5

3:

4+5 **6**

5+6: 1 3 **4** ant

7: 1 **2** 3 5

8: 1 **2** 3 4

1	2	3	4	5	6	7	8
G							

Lösung: Gesucht werden die _____.

Rätsel 4: Kreuzworträtsel

1 Löse das Kreuzworträtsel. Finde das Lösungswort, indem du die gelb markierten Buchstaben von oben nach unten liest. Schreibe es auf.

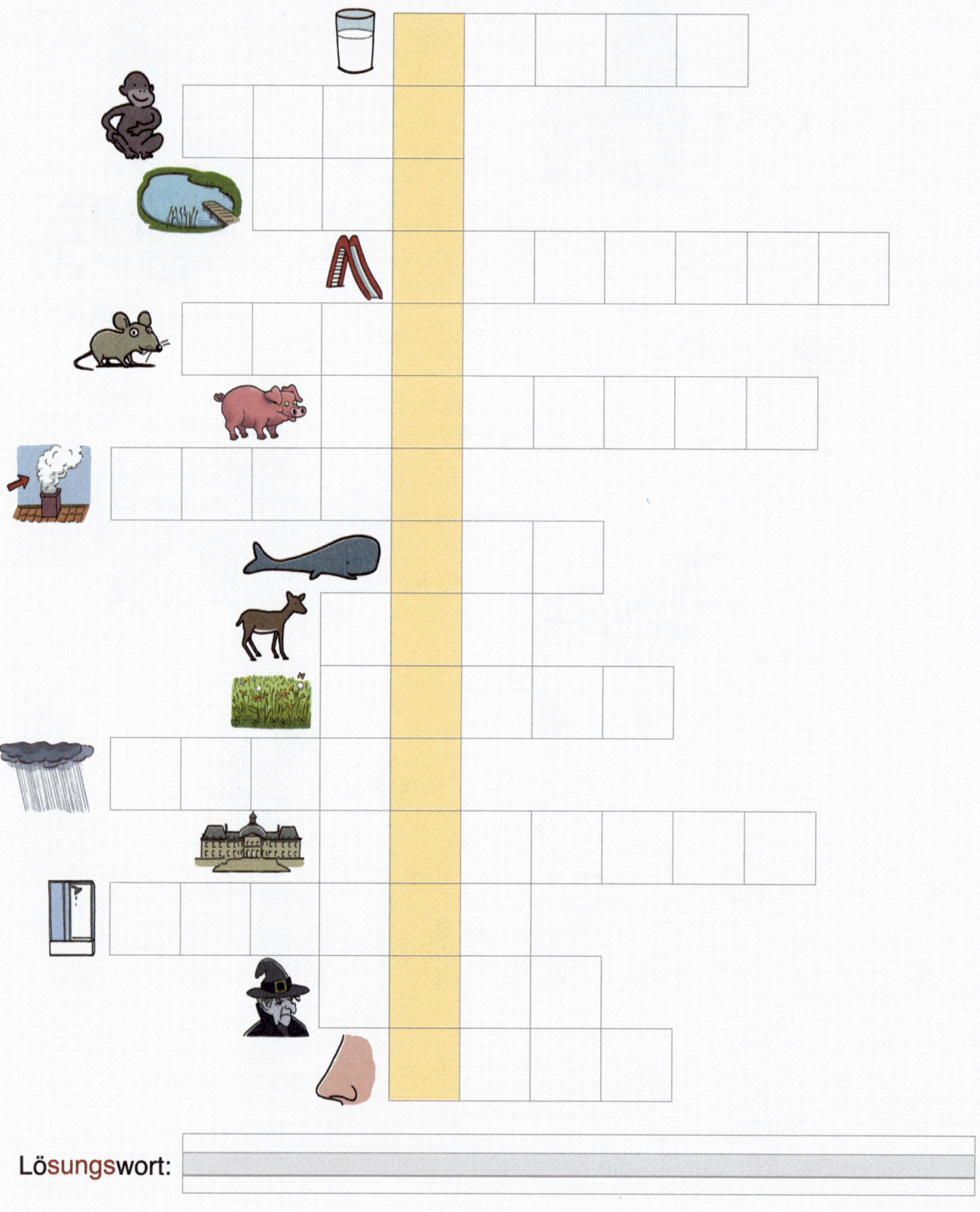

Lösungswort:

Rätsel 4: Was meint Olli?

1 Schreibe auf, welches Wort mit zwei Bedeutungen jeweils gemeint ist.

Du kannst sie essen oder damit das Zimmer erleuchten.

Birne

Vögel brauchen sie zum Fliegen, Musikerinnen schlagen in seine Tasten.

Auf ihr kannst du sitzen oder dein Taschengeld sicher aufbewahren lassen.

Sie ist ein langes, dünnes Tier ohne Beine, manchmal bildet sie sich z.B. an der Kasse im Supermarkt.

Ohne sie kann ein Hase nichts hören, ohne ihn kannst du deine Suppe nicht essen.

Aus ihm läuft Wasser heraus oder er macht Kikeriki.

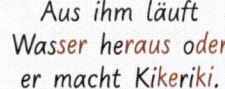

Dieser Vogel steckt gerne den Kopf in den Sand, du kannst auch Blumen dazu zusammenbinden.

Sprachbuch

Arbeitsheft
BASIS | PLUS

Erarbeitet von:	Christine M. Kaiser
Redaktion:	Julia Kluge
Illustrationen:	Axel Nicolai, Petra Eimer, Christian Bartz
Umschlagillustration:	Petra Eimer (Papagei) und Christian Bartz
Umschlaggestaltung:	Corinna Babylon und Jule Kienecker, Berlin
Layoutkonzept und technische Umsetzung:	Cornelia Gründer, Corngreen GmbH, Leipzig
Tonstudio:	Bernhard Voss, VOSS Tonwerkstatt, Berlin
Sprecherinnen und Sprecher:	Oliver Nitsche, Ilka Teichmüller
BOOKii-Funktion:	Lizenz BOOKii Tessloff Verlag Ragnar Tessloff GmbH & Co. KG, Nürnberg http://www.tessloff.com BOOKii® ist eine eingetragene Marke des Tessloff Verlags, Nürnberg

www.cornelsen.de

1. Auflage, 2. Druck 2025

Alle Drucke dieser Auflage sind inhaltlich unverändert
und können im Unterricht nebeneinander verwendet werden.

© 2022 Cornelsen Verlag GmbH, Mecklenburgische Str. 53, 14197 Berlin, E-Mail: service@cornelsen.de

Druck: H. Heenemann, Berlin

ISBN 978-3-06-084819-5

PEFC-zertifiziert
Dieses Produkt
stammt aus
nachhaltig
bewirtschafteten
Wäldern
PEFC/04-31-1156   www.pefc.de